教育改革视域下的劳动教育思想及实践研究

袁 帅 著

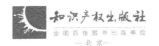

知识产权出版社

全国百佳图书出版单位

—北京—

图书在版编目（CIP）数据

教育改革视域下的劳动教育思想及实践研究/袁帅著. —北京：知识产权出版社，
2020.11

ISBN 978 - 7 - 5130 - 7279 - 3

Ⅰ.①教… Ⅱ.①袁… Ⅲ.①劳动教育—研究 Ⅳ.①G40 - 015

中国版本图书馆 CIP 数据核字（2020）第 210632 号

内容提要

本书重点围绕劳动教育开展思想理论与实践方面的研究：在理论方面对经典的劳动教育思想进行追本溯源，在实践研究方面重点探索劳动教育体系已有的基础。同时立足中国教育改革发展和人才培养需要，对劳动教育体系的特点、实践探索和发展趋势予以研究，为发展中国新时代劳动教育提供理论支撑和建议。

责任编辑：曹靖凯   责任印制：孙婷婷

教育改革视域下的劳动教育思想及实践研究
JIAOYU GAIGE SHIYUXIA DE LAODONG JIAOYU SIXIANG JI SHIJIAN YANJIU
袁　帅　著

出版发行：	知识产权出版社 有限责任公司	网　　址：	http://www.ipph.cn
电　　话：	010 - 82004826		http://www.laichushu.com
社　　址：	北京市海淀区气象路 50 号院	邮　　编：	100081
责编电话：	010 - 82000860 转 8763	责编邮箱：	caojingkai@ cnipr.com
发行电话：	010 - 82000860 转 8101	发行传真：	010 - 82000893
印　　刷：	北京中献拓方科技发展有限公司	经　　销：	各大网上书店、新华书店及相关专业书店
开　　本：	720mm × 1000mm　1/16	印　　张：	12.25
版　　次：	2020 年 11 月第 1 版	印　　次：	2020 年 11 月第 1 次印刷
字　　数：	150 千字	定　　价：	68.00 元

ISBN 978 - 7 - 5130 - 7279 - 3

目　录

第一章
研究问题的界定

劳动教育是中国特色社会主义教育制度的重要内容，对于培养社会主义建设者和接班人具有重要战略意义。2018 年全国教育大会明确了新时代中国的教育方针，要努力构建德智体美劳全面培养的教育体系，形成更高水平的人才培养体系，要在学生中弘扬劳动精神，教育引导学生崇尚劳动、尊重劳动，懂得劳动最光荣、劳动最崇高、劳动最伟大、劳动最美丽的道理，长大后能够辛勤劳动、诚实劳动、创造性劳动。这意味着新时代中国特色社会主义教育发展道路，在教育方针的高度突出强调劳动教育的重要地位，也正式确立了"五育并举"的教育方针。"以劳树德、以劳增智、以劳健体、以劳育美、以劳创新"成为中国特色社会主义劳动教育的重要特征。加强劳动教育是新时代中国对马克思主义"人的全面发展"理论的坚守与继承，更是贯彻落实立德树人根本任务、提升青少年实践创新能力、培养新时代合格社会主义建设者和接班人的必然要求。因此，为全面落实党的教育方针和总体要求，在大中小学各教育阶段培养符合中国特色社会主义制度发展的新时代劳动观，探讨如何通过劳动教育课程设置及教材建设强化劳动育人功能的实践效果，对教育政策和教育发展创新有重要的研究价值，对引导学生形成正确的世界观、人生观、价值观有重要的研究意义。

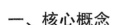

一、核心概念

（一）劳动教育概念释义

为追本溯源理解劳动教育，我们首先在汉语字源层面拆解一下"劳""动""教""育"四字的含义。"劳"，剧也，用力者劳（《说文解字》）；"劳"，勤也（《尔雅·释诂》）；先劳而后禄（《礼·儒行》）。可见"劳"字意指生活依靠体力，疲惫辛苦。"动"，作也（《说文解字》）；"动"，出也（《广韵》）；静之对（《增韵》）。"动"则形容起身做事，脱离静止状态。"教"，效也（《广韵》）；上所施下所效也（《说文解字》）。"教"是传授，供仿效，是德行礼法之传承。"育"，既生既育（《诗·卫风》）；"育"，养也（《广韵》）；长也（《尔雅·释诂》）；养子使作善也（《说文解字》）。"育"遵循先生后养的自然现象和过程，强调养德、养善的成长要求。❶

而"劳动"一词最早见于《三国志》，原意是进行身体活动。在《三国志·魏志·华佗传》中有这样一段记载，华佗曾对徒弟吴普传授治病之道，"人体欲得劳动，但不当使极尔。动摇则谷气得消，血脉流通，病不得生，譬犹户枢不朽是也"❷。华佗认为人的身体需要得到适当劳动，不可过度。身体活动了便可促进消化，让血脉通畅，不易生病。就好似门窗的转轴，因常动而不朽。到了现代语境下，"劳动"的概念得到了拓展。在《当代汉语词典》中，"劳动"是人类创造物质或精神财富的活动。也就是除了身体活动，还有精神

---

❶ 参见词典网《说文解字》《康熙字典》对"劳""动""教""育"四字的字源解释，https：//www.cidianwang.com/.

❷ 《三国志·魏志·华佗传》原文及翻译［EB/OL］.（2018 - 02 - 17）［2020 - 05 - 30］. http：//www.ruiwen.com/guji/1255716.html.

层面的活动，包含"体力劳动"与"脑力劳动"两种类别。根据《马克思主义原理辞典》对"劳动"属性的解释，劳动为人类所独有，是人类最基本的实践活动。劳动过程是指人类借助劳动资料使劳动对象发生预定变化的过程。随着科学技术的进步和应用，脑力劳动在劳动过程中所占比重和发挥效用程度日益增大。❶

孟子最早合用"教育"，在《孟子·尽心上》中将"得天下英才而教育之"视为君子三乐之一。"教"与"育"构成了对人才的教诲培养。孟子相信人性本善，他认为教育的意义在于"存心养性"，可以帮助人的固有善性得到保持。❷ 在对"劳动"的认知上，孟子是开启"劳心""劳力"不同定位的人，孟子提出的"劳心劳力"说提倡社会分工，对生产力的发展和人民生活水平的提升具有重要意义。《孟子·滕文公上》中有"或劳心，或劳力；劳心者治人，劳力者治于人；治于人者食人，治人者食于人，天下之通义也。"意思是劳心者从事脑力劳动，依靠别人的劳动所养，劳力者从事体力劳动，依靠劳动养活自己，劳心者管理劳力者，这是天下通行的大义原则。根据孟子思想中仁政的主线，他对劳心者与劳力者的区分是从国家治理层面明确社会分工和责任，希望让统治者重视劳动人民，管理好人民，更好地治理国家。❸ 由此，劳动的分工在责任管理分配方面起到推动社会发展的重要作用，国家依靠智慧管理着整个社会，同时社会依靠劳动人民创造物质基础，他们共同支撑着社会价值存续发展。劳动作为社会进步依赖的实践活动，与教育对英才的德行培养、对社会价值的贡献是同向同行的，值得我们深

---

❶ 参见中国知网数据库中对"劳动"一词进行百科检索的词典释义. https：//kns - cnki - net. webvpn. bjmu. edu. cn/kns/brief/default_result. aspx.

❷ 王道俊，郭文安. 教育学［M］. 7 版. 北京：人民教育出版社，2016：12.

❸ 孟高园. 孟子"劳心劳力说"解析［J］. 辽宁教育行政学院学报，2010（3）：170－171.

入探索"劳动"与"教育"间相互融通的积极影响。

进入现代社会，劳动的教育内涵通过劳动教育、社会实践活动、劳动技术教育、职业教育等概念更为准确地传达出来。在教育实现人才素质的培养层面，"劳动教育"以促进学生形成正确的劳动价值观、养成良好的劳动素养为目的，培养学生能够正确认识劳动的意义、形成积极的劳动态度，尊重劳动并热爱劳动，还要帮助学生掌握一定的劳动知识与技能，形成良好的劳动习惯等。劳动技术教育重点强调技术的学习，主要通过学生实践活动和实际操作掌握生产知识，着重培养学生的动手能力，让学生掌握就业必备的劳动能力。而职业教育的概念更为体系化，为不同层次的学生树立正确恰当的就业目标，做好职业发展所需的各项能力培养，形成直通社会的就业指向培养模式。

（二）劳动精神与劳动素养

劳动精神，主要指人们通过劳动过程和劳动成果获得自我满足感和成就感，发自内心投入劳动、热爱劳动；劳动者在劳动过程中能够体现出勤奋的精神状态，善于思考，积极发挥劳动创新能力。劳动精神往往可以通过"劳动模范"的榜样作用具象化，从而进行劳动精神教育的宣扬推广。劳动素养，是指一个人在劳动方面表现出的个人素养和良好的修养，包括正向的劳动就业观和价值观，掌握保障劳动质量与效果的知识与能力，遵守劳动规范和劳动纪律，拥有爱岗敬业的劳动态度和良好的劳动习惯等。❶

---

❶ 檀传宝. 劳动教育的概念理解——如何认识劳动教育概念的基本内涵与基本特征 [J]. 中国教育学刊, 2019 (2): 82–84.

（三）国际劳工标准与核心劳工标准

国际劳工标准，一般是指国际劳工大会通过的公约和建议书，以及其他达成国际协议的，具有完备系统的，关于处理劳动关系和与之相关的各种社会关系的一些原则和规则。[1] 国际劳工公约和建议书虽然都是国际劳动立法文件，但其法律效力不同。国际劳工公约经国际劳工大会通过后，须提交成员国批准，各国在批准方面享有"自主原则"，成员国一旦批准了某一项劳动公约，就必须遵守和执行；而建议书则为成员国制定法律和采取其他措施提供参考，不须成员国批准，因而没有必须遵守和执行的义务。

国际劳工组织（ILO）从 1995 年起开始着力于让成员国全面批准实施以结社自由和集体谈判、废除强迫劳动、消除就业歧视和禁止雇佣童工为原则的 8 项基本劳动公约。1996 年经济合作与发展组织（Organization for Economic Co - operation and Development，OECD）也确定以上述内容为核心的劳工标准。1999 年国际劳工大会进一步制定了第 182 号《关于禁止和立即行动消除最有害的童工形式公约》，并列入核心劳工标准的第 8 个国际劳动公约。至此，国际社会对核心劳工标准的 4 项原则和 8 个公约基本达成了共识。20 世纪 90 年代以来，特别是 1995 年世界贸易组织成立后，国际劳工标准对世界经济的影响也越来越大。

（四）体面劳动

"体面劳动"的核心思想就是让劳动者在自由、公正、安全、有尊严的条件下就业与劳动。根据国际劳工组织的相关论述，体面劳

---

[1] 秦玉娈，张文镔．劳工标准与国际贸易的关系及启示［J］．商业时代，2007 (11)：22．

动也可理解为体面的、充分的、有生产性（productive）的工作机会或就业机会。体面劳动的生产性是指劳动的产出价值和以此获得相应回报的特性，体现了劳动就业的基础价值意义。

通过国内外学者对"体面劳动"概念的研究，我们可以将这一概念具体概括为以下六个维度。第一，自由的择业。这是指每个人可以自由地选择职业，而不存在被迫接受工作，例如奴役劳动和儿童用工及其他各种形式的强迫劳动。第二，平等的工作。这意味着劳动者在工作中应该受到平等对待，同时享有各种平等的机遇：①工作性质方面的平等对待，包含一致性平等对待和实质性平等对待。一致性平等，是指男女平等方面力争消除歧视，如提高劳动者报酬时，男女劳动者同时、同比例地提高；实质性平等，是指待遇平等、机会平等、有尊严地工作。②工作机会平等，是指所有需要就业的人都能以公平的待遇找到工作。平等排除了歧视的可能，同时也意味着劳动者享有照顾家庭、自由生活等基本权利。第三，充分的就业机会。这里"就业"概念包含广泛，比如正式就业与非正式就业、社会性劳动就业与家庭工作就业、个体户自营业等。此外，工作机会应是"所有人"的工作机会，这就要求社会消除各种类型的就业歧视，充分保障残疾人、妇女和青年等群体的就业。第四，生产性的工作。生产性的工作要求劳动者产生的劳动价值除了满足个人生活，还应当为社会可持续发展、为企业及国家提高生产力和竞争力做出贡献。第五，安全的工作。工人的健康应得到保障，当工人遇到诸如疾病或者突发公共卫生危机等无法控制的风险时，享有得到医疗救济及生活补助的权利。第六，有尊严的工作。工人在工作中应受到最基本的尊重，他们应当有权力就工作中的各种问题发表自己的看法，有权参与企业及社会各层面有关工人福利的重要

决策讨论。❶

从宏观层面来讲，体面劳动是政府制定相应法律法规并设立专门机构，以保障劳动者就业和促进劳动力的可持续发展。从中观层面来讲，体面劳动要求企业在确保自身高效运营的同时，为员工提供安全的工作条件和基本的福利待遇。而从微观层面来讲，体面劳动表明劳动者有良好的就业机会，有受到尊重的工作环境，有自由平等的工作权利，甚至还应当享有为自己争取权益的集体谈判或社会对话权利。

国际劳工组织一直强调，要实现劳动者体面劳动的最终目标，企业不仅要进行改革和发展，同时也要建设更多的具有投资性质的就业岗位，从而使劳动者平等就业和自主选择职业权得到保障，劳动者能够愉快地工作，以最大的积极性和热情参加工作。国际劳工组织希望每一个世界贸易组织成员都能承诺并尊重这些基本劳动权利，劳动者在劳动中的权利应该得到切实的保障，最终实现在劳动中对人的解放。国际劳工组织提出这一系列公约为实现体面劳动提供了保障和约束，总体来说，体面劳动的重点就在于社会能提供体面劳动的就业岗位，劳动者的权利能够得到一定的保障，企业和劳动者之间建立和谐的劳资关系，最终实现人的全面自由的发展，真正实现社会和谐。

二、研究综述

（一）国内劳动教育研究现状

国内学者对"劳动教育"的研究视角主要分为两类。一类重点

---

❶　林燕玲. 体面劳动——世界与中国［M］. 北京：中国工人出版社，2012：32－34.

关注劳动教育的科学内涵与基本特征，从马克思主义劳动价值论引申出新时代劳动教育的重要意义。另一类注重研究劳动教育的实践路径，包括研究劳动教育课程体系和教材建设的国际经验、国内劳动教育课程的建设思路、劳动教育与高等教育和职业教育的发展联系等。

在劳动教育的理论源头方面，教育与生产劳动相结合是马克思主义教育思想的基本内容，被认为是培养全面发展的新人的重要途径，也是社会主义教育的根本方向。中国在坚持以马克思主义为指导的教育发展道路上，有着把教育和生产劳动相结合的传统。早期国内的劳动教育研究侧重生产劳动实践、生产知识和劳动技能的培养，但研究的不足在于成果形式主要是经验性的总结和国外研究的译介，研究成果不系统、不深入，缺乏对劳动教育基本理论的全面解释和对劳动教育体系的整体规划。随着国内教育不断朝培养综合素质人才的方向发展，劳动教育不再是简单的生产劳动，而是强调要将劳动教育与德育、智育、体育等方面结合起来。1993 年印发的《中国教育改革和发展纲要》要求各级各类学校都要把劳动教育列入教学计划，加强劳动观念、劳动态度的教育，国内劳动教育研究也随之进入繁荣和纵深发展阶段，研究主题主要集中在以下四个方面。一是劳动教育基本理论，主要是关于劳动教育的本质、目标、任务的研究。桑新民认为劳动教育不仅重视体力劳动和简单劳动能力的培养，而且注重脑力劳动和复杂劳动技能的培养。二是劳动教育的意义和价值。文新华认为对于社会发展，劳动教育具有政治、经济和道德意义；对于受教育者个体，劳动教育有利于个人价值观的形成、职业理想的确立及生存能力的提高。徐长发提出劳动教育最容易反映先进生产力，其形式多样、内容丰富，具有实践性与创造性，是现代科学技术传播和应用的重要教育载体。三是劳动教育实践和路径研究。学者们对劳动教育的路径研究强调关注日常生活的教育实践，关注社会、家庭、学校的协同合作，关注学生身心发展与认知规律的变化，强调劳动教育的适应性、合作性、主体性和实践性。四是劳动教育政策研究。陈静等从政策变迁的角度将中华人民共和国成立以来劳动教育的历程划分为"劳动教育生产期""思想政治教育与劳动技术教育并举期"和"社会实践教育期"三个阶段。陈彤彤则将之划分为初级探索、兴盛、脱轨、调整和异化五个阶段。

（二）国外劳动教育研究现状

国外对劳动教育的研究主要集中在两个方面。第一，劳动教育的起源与发展。国外近现代劳动教育发展主要有两条源头：一条是在马克思和恩格斯关于教育与生产劳动相结合的基础上发展，俄罗斯继承了这一模式，主张劳动教育旨在为社会主义社会培养劳动者；另一条是源于裴斯泰洛齐、凯兴斯泰纳、杜威的思想理论和实验实践，沿着这一路径发展劳动教育的代表国家有德国、美国、英国、瑞典、日本、韩国等，认为劳动教育源于"手工艺教育"，最终凝汇于劳动技能教育中。第二，劳动教育的实践经验。上述认同劳动教育源于实践技能的国家逐步在"劳作学校"模式和"做中学"模式的基础上开展劳动教育。其中，美国和英国倾向于通过劳动教育培养学生的技术素养；德国和瑞典倾向于通过劳动教育帮助学生认识劳动世界，培养学生为职业选择做准备，具有职业教育的特性；日本和韩国主要借鉴西方国家的劳动教育理念，在重视培养学生技术素养的同时，也强调劳动教育的职业教育作用。

纵观国外劳动教育研究，在劳动教育理论基础、指导思想与劳动教育实践方面，基本回答了什么样的劳动适合育人，劳动怎样育人，劳动与教育怎样一体化设计，哪些劳动适合哪个年龄阶段学生的发展，如何指导劳动教育开展等问题，形成了基本的理论框架和实施体系。从课程定位的发展趋势来看，国外劳动教育越来越趋向于技术教育。从教学内容的设置来看，国外劳动教育从整体上非常重视劳动教育与社会生活的联系，课程内容可以归纳为手工、家政、技术、社会体验活动四个模块。从课程体系的建设来看，国外劳动教育重视课程设置的系统性和连贯性，对课程进行从幼儿园到大学的整体设置规划，重视各学习阶段之间的衔接。从实施途径来看，国外劳动教育教学方式非常灵活，能够充分整合校内外资源，通过多种多样且有趣的方式实施教学。从师资培养的专业性来看，国外注重对劳动技术教育教师的培养，包括开设专门的师范专业，探索并规范教师培养的课程标准，设置劳动技术教师资格考试制度，为劳动技术教育的顺利开展提供了高质量的师资保障。

三、思路方法

本书将分别运用不同的研究方法在以下三个层次展开论述。第一个层次，利用中国知网、Web of Science 等中英文数据检索平台和教育部网站等信息来源，以劳动教育思想、理念、国外教育实践、劳动教育政策为研究对象，通过文献研究梳理既有研究成果，形成我国发展劳动教育可以遵循的指引。第二个层次，重点围绕研究主题和研究内容有针对性地分析实施劳动教育过程中的重点难点，以培养大中小学生具备先进思想文化的劳动观、全面实现劳动育人功能为教育目标，探讨兼具科学性、创新性、可行性的劳动教育实施方案。在研究过程中注重吸收借鉴国外劳动教育经验，分析国内已有劳动教育实践模式，通过比较研究和定性研究全面推进研究深度。

第三个层次，在教育政策和课程教材改革领域探索加强新时代劳动教育的创新机制，在大中小学、职业教育、成人教育乃至终身教育体系中全面融入新时代劳动观，实践劳动育人目标，从本质上提升中国的人才培养质量，为教育改革带来重要的拓展性思路。

第二章

经典劳动教育思想

一、马克思关于劳动教育的思想

（一）马克思有关教育与生产劳动相结合的观点

马克思关于人的全面发展学说是其对于共产主义社会人实现发展的重要论述，也是马克思教育思想的重要组成部分。马克思提出的全面发展，是指让人的体力和智力得到充分的自由发展和运用。在马克思看来，教育作为人类社会特有的、永恒的一种社会现象，是在生产劳动中产生的，教育与生产劳动相结合的问题也是马克思教育思想关注的重要内容。智育、体育和技术教育是马克思对全面发展教育最为关注的三个方面，因此，马克思认为，把有报酬的生产劳动同智育、体育和技术教育结合起来，不仅是提高社会生产的一种方法，而且是造就个人全面发展的唯一方法。

马克思在中学毕业时曾写过一篇文章，题目为《青年在选择职业时的考虑》，文章中他表达了自己对职业选择的态度和价值取向，"在选择职业时，我们应该遵循的主要指针是人类的幸福和我们自身的完美"。马克思认为人之所以优越于动物，是因为有能力选择，而且应当选择适合自己能力水平的职业，才能够为全人类的发展奉献个人的劳动价值。但是，"如果我们选择了能力不能胜任的职业，那么我们绝不能把它做好"，而"如果我们生活的条件容许我们选择任何一种职业，那么我们就可以选择一种能使我们最有尊严的职业，选择一种建立在我们深信其正确的思想上的职业，选择一种能给我们提供广阔场所来为人类进行活动、接近共同目标（对于这个目标来说，一切职业只不过是手段）即完美境地的职业"。❶ 马克思在这篇文章中充分表现出了个人的职业追求是为全人类奉献劳动价值的理念，他坚信个人的全面发展影响着人群共同体的全面发展。在此之后，马克思在多部著作中考察了劳动对于人的意义和分工对于社会的重要性，并结合实践思考了无产阶级社会的教育问题，以及教育同生产劳动相结合等相关问题。

在《共产党宣言》这个代表着马克思主义世界观形成的重要文件中，马克思明确提出了无产阶级地位上升后的教育原则：①以社会教育代替家庭教育，对一切儿童实行公共的和免费的教育；②取消现在形式的儿童的工厂劳动——童工制；③把教育同物质生产结合起来；④在共产主义社会里，每个人将获得自由的发展，这种个人自由发展是一切人自由发展的条件。❷ 从这些表述中可以看出，马克思对于教育的理解包含了为儿童争取最广泛的教育权利，禁止童工制度存在，还强调了教育在生产劳动中的作用，同时认为教育是实现人类自由发展的途径。

马克思主义认为，教育与物质生产相结合是提高社会生产力和

---

❶　马克思. 青年在选择职业时的考虑［M］//马克思，恩格斯. 马克思恩格斯全集（第40卷）. 北京：人民出版社，1982：5.

❷　卡尔·马克思，弗里德里希·恩格斯. 共产党宣言：党员干部普及读本（百周年纪念版）［M］. 陈望道，译. 北京：民主与法制出版社，2019：62.

培养一代新人的有效途径，能够强有力地改造现代社会。现代教育是帮助生产达到现代科学技术水平所要求高度的必要前提和手段，而现代生产也是让现代教育满足科学技术发展的必要基础。为此，使教育同生产劳动相结合有利于二者共同进步。马克思所讲的教育与物质生产相结合既包括给从事劳动生产的工人予以教育，使劳动者从理论和实践的统一中掌握现代生产的原理和技术；同时也包含给学校的学生开展教育，让他们学习科学技术知识并且有机会参与物质生产劳动，以便在今后参加生产劳动时切实掌握生产的技能。❶

对于影响劳动生产力的诸多因素，马克思的观点认为主要涉及五个方面，他曾说过："劳动生产力是由多种情况决定的，其中包括工人的平均熟练程度，科学的发展水平和它在工艺上应用的程度，生产过程的社会结合，生产资料的规模和效能，以及自然条件。"这段话说明，要发展劳动生产力提高生产效率，取决于工人劳动的熟练程度及能力，取决于协作程度和管理水平，取决于科学在生产中的应用程度，取决于生产资料的发展程度和效能发挥程度，取决于社会政治和自然条件。这五方面因素可以概括为两大类，物质技术和劳动力质量。而无论是技术发展水平还是劳动力质量的提升，都同教育有着非常直接的关联。❷ 由此可以看出，教育对于提高劳动生产效率起到非常重要的作用。

（二）马克思主义劳动观与体面劳动的渊源

我们在马克思对职业选择的态度和价值观中还能发现"体面劳动"的影子，实际上，"体面劳动"的渊源和内涵可以在马克思的劳动观中找寻踪迹。

---

❶ 王焕勋. 马克思教育思想研究［M］. 重庆：重庆出版社，1988：130–132.
❷ 同❶

　　马克思在《1844 年经济学哲学手稿》一书中如此表述：真正的劳动应该是一种自由自觉的活动，是生命本质的体现。在劳动中，每个人都应该体会到生命的存在、价值和意义。劳动既是人的生存需要，也是人的精神需要，人在劳动生产过程中既创造了物质财富，也创造了精神财富，通过劳动人既要获得物质上的满足，也要获得精神上的满足，只有这两方面的满足才能给人带来劳动的快乐与幸福。马克思认为，劳动是改造客观世界的对象性活动，生产劳动是生产维持生命体必需的物质的手段，只有在劳动中，人才能不断地改变自然，同时也改造自身。职业的选择、从事劳动的目的，还有劳动生产的效率其实都取决于人本身，对劳动是否快乐的判断也取决于人的主观体验与判断。劳动是快乐的，应该成为体面劳动的价值核心。在这一主观体验与判断过程中存在着社会制度、环境因素的干预。然而，怎样在劳动中充分发挥个人才能，实现自我价值与理想，追求个人物质与精神财富的满足，既取决人所处的社会环境，也取决个人的价值判断。马克思的劳动价值观为这一价值判断提供了科学的理论基础。[1] 马克思通过对劳动本质的研究深刻揭示了人与劳动之间不可分割的关系，充分体现了要在劳动中尊重人的主观能动作用，传递出以人为本的理念，也强调了要通过劳动实现人类的幸福与快乐，这成为体面劳动思想的基础。

　　马克思通过分析资产阶级对劳动者的剥削本质来表达"劳动者应当因劳动而获得体面"。在剥削阶级社会，存在着生活"不体面"的两种状态，都与劳动相关。第一种情况，无劳动不体面。马克思指出，在资本主义社会，劳动者"无劳动不体面"的根本在于劳动者不劳动就无法生存，至少无法体面地生存，"一旦工人不能出卖他

---

　　[1]　杨晓鸿．马克思主义劳动观与高校教师"体面劳动"［J］．高教论坛，2010 (8)：97.

的劳动能力就会饿死"。关于劳动者"无劳动不体面"的人生状况，马克思也作了一些概括：一是沦为难民；二是通过打短工得到微薄的收入来维持生计；三是通过举债或变卖家产度日；四是为了得到工作被迫从事不体面的劳动，或是从事一些更加不体面的活动，如偷盗与卖淫。第二种情况，有劳动也不体面。那些从事生产劳动的工人也可能是无法获得尊重的劳动者，主要表现在两个方面：一方面，劳动者只是剥削阶级获利的工具，其人格尊严得不到应有的尊重，劳动者所得远远低于应得，无法过上体面的生活；另一方面，不劳动的剥削阶级却过着体面生活，享受着体面活动。马克思重点批判的就是资本主义社会的劳动无法实现体面。马克思认为劳动者可因高质与多量的劳动获得更多收入，从而获取保障体面生活的物质基础，"这就把工人同奴隶、农奴等区别开了"。但是，在资产阶级社会，劳动者，主要指工人，在资本家眼中只是一种特殊的资本，甚或就叫作机器。长时期内，工人只能得到继续生存所需要的生活资料，一旦生活资料的价格稍稍上涨一点，或者一旦无工可做，或者生病，都会加深工人的贫困，使他完全毁灭。在资本主义社会，劳动者无法通过劳动获得自由、平等的发展机会，反而造成自己处于生活困境中，这充分说明了剥削制度的弊端，马克思对此批判说："如果一个人强迫他人不断出卖自己的劳动力，就证明他是一个资本家。"❶ 因此，马克思的劳动价值观更期望表达出劳动者应通过劳动获得基本的体面生活，通过有尊严的劳动感受幸福、快乐，这才是人类劳动的意义所在。所以，马克思将劳动也视为人的基本权利和道德权利，"由于劳动及其成果可以获得这种人的道德价值，所以劳动本身也就成了人类（确切地说是合格的成年劳动者）的一种基本

---

❶ 贺汉魂，王泽应. 马克思体面劳动观的伦理意蕴及其现实启示探析［J］. 当代经济研究，2012（3）：29.

权利，这种权利既具有生存权的一般价值意义——作为劳动者的基本生存方式，也具有道德权利的特殊价值意义——作为劳动者自身人格、尊严或荣耀的自我表达与社会认肯方式。也即要求自己基本权利的社会承认"❶。马克思对于劳动者因劳动而体面的思想成为"体面劳动"观念的前提。

在此基础上，马克思关于自由、平等、公正、尊严、和谐等方面的阐述都在"体面劳动"中得到了延续和发展。从马克思为之奋斗的终极理想来看，追求人类的彻底解放和实现全人类的自由发展是实现共产主义社会的必要条件，也是实现体面劳动的最终目的。人的自由全面发展是一个持续的过程，努力实现体面劳动则是尊重劳动就业的一项前提。在劳动权利体系中，平等就业和自主选择职业的权利处在至关重要的位置。马克思倡导让人们幸福而体面生活的择业取向，他相信有尊严的劳动能够为劳动者的根本权益提供保障，有足够的收入和劳动岗位是劳动者享有平等就业和自主选择职业权利的根本保障。社会公正主要体现在劳动分配方面，"按劳分配"是马克思认为在实现社会主义社会过程中必须要遵守的一个原则，重点阐述劳动者在参与劳动后应该得到与其劳动量所对等的劳动价值。劳动者投身于生产劳动，就应当劳有所得，在实际分配中，劳动者的待遇及劳动权利应成为一种公正的保障，要消除脑力劳动与体力劳动的差别，无论从事何种类型的劳动者都应被尊重和认可，尤其是相对贫困的劳动者或弱势劳动群体。马克思还认为尊严是人必须要具备的，它能够让人变得崇高，变得与众不同，在这个社会中能够显现出其该有的价值。体面劳动的提出不仅适应了人的自我价值实现的需要，而且体面劳动应当是让人感受到快乐的劳动，人

---

❶ 贺汉魂，王泽应. 马克思体面劳动观的伦理意蕴及其现实启示探析［J］. 当代经济研究，2012（3）：30 – 31.

们在劳动中感受人生存在的意义，使自身生活得更有尊严。马克思的和谐思想主要体现在人与人、人与自然、人与社会之间的和谐。马克思的和谐社会理论需要一个长期的过程才能得以实现。马克思深入分析了资本主义经济发展方式，创立了唯物史观和剩余价值理论，描绘出和谐社会背景下人们全面自由发展的一种社会状态。在这个社会中，社会的和谐取决于个人的自由发展，同时每个劳动者都有机会从事体面劳动，只有两者相互结合，才能使劳动者按照自己的意愿去工作、生活，为和谐的社会贡献劳动价值。❶

二、苏霍姆林斯基劳动教育思想

俄国十月革命的胜利和苏联的建立可以称得上是 20 世纪最伟大的事件之一，尽管苏联解体，没能实现共产主义的最终理想，但苏联在教育体系方面的成就曾经走在世界前列，俄罗斯继承了苏联的教育体系。特别是苏联 70 多年的教育发展经历伴随着苏联的社会主义建设，为社会主义教育发展提供了丰富的经验。苏联在列宁教育思想的指导下，建立起以平等、民主为原则的教育制度，在短时间内普及了教育，提高了全民文化水平，培养了一大批有道德有能力的干部、专家和训练有素的劳动者。同时，苏联教育界也涌现出许多知名教育家，苏霍姆林斯基就是其中的集大成者，他在教育理论与教育实践领域都享有盛誉。他尊重孩子、相信孩子，主张个性和谐发展的教育理念。在对劳动教育的认识方面，苏霍姆林斯基有自己独到的见解，他所倡导的劳动教育主要是指建立在智力基础上的劳动实践，通过激发学生强烈的愿望发展学生的创新能力。他认为，

---

❶ 刘佳音. 体面劳动的马克思劳动观渊源研究 ［D］. 大连：东北财经大学，2015：26 – 27.

开展劳动教育的根本宗旨就是为共产主义社会培养劳动者。从这层意义来看，苏霍姆林斯基的劳动教育思想与中国当前的教育政策中对劳动教育所持的育人价值期待有异曲同工之处，值得我们梳理其关于劳动教育的经典思想和可借鉴的实践经验。

（一）在实践中形成的劳动教育思想和劳动教育体系

教育不是纸上谈兵，不能脱离生活、脱离实践。苏联教育科学领域早在 20 世纪初开始关注劳动教育问题。特别是 20 世纪四五十年代，围绕培养学生参加实践活动的主题涌现出大批关于劳动教育的著作。这些著作大多能够深入观察学习教育生活，总结劳动教育的问题和经验，但是并没有充分认识到劳动教育的复杂性，也尚未形成劳动教育研究体系。

在苏联的教育著作中，把学生的学习也视为一种劳动。"学习"是以学生为主体进行的劳动，重点体现为"脑力劳动"，也包含"体力劳动"。脑力劳动是学生掌握知识技能的过程，体力劳动能够锻炼意志，养成吃苦耐劳的素质。同理，"教育"从狭义层面也可以被理解为是学校教师从事的一种劳动。因此，劳动与学习、劳动与教育的意蕴就更为融合，密不可分。热爱劳动是学生道德品质的表现，这种品质是否可以通过学习或是在劳动过程中得到培养？除了学习的劳动，还有哪些种类的劳动有助于道德教育？学校的环境适合组织什么形式的劳动活动？如何通过学校教学开展劳动教育？此类种种问题都围绕着学校劳动教育，受到苏联教育领域专家学者的关注。苏霍姆林斯基结合自身工作实际，对建设劳动教育体系倾注了大量精力，形成了内涵丰富、基于实践的劳动教育思想。

苏霍姆林斯基在担任帕夫雷什中学校长的十多年时间里，与该校教师共同尝试新的教育模式的研究，通过培养学生对劳动的良好态度改善学校的教育教学工作。他们研究的一项主要课题就是致力于由教师和社会各界共同努力，形成一套以劳动促进教学的劳动教育体系。研究过程中他们重点关注了五个方面：一是研究学生在校期间道德面貌的形成过程；二是研究劳动过程对于培养学生热爱劳动的道德品质的作用；三是从加强思想教育的角度研究适合的劳动种类；四是研究适合学生参与劳动的组织形式；五是研究劳动教育的方式方法。

帕夫雷什中学本身是一所农村学校，学生都是附近农民的子弟，生源属性比较相似且稳定。因而为苏霍姆林斯基和他的教师团队提供了非常有利的研究条件：在十年左右时间内、在同一批学生中边尝试边验证他们构建起的这套劳动教育体系。经过实践生活的检验，劳动教育是一个复杂的体系，涉及劳动兴趣、集体环境、劳动纪律、生产教学等多重因素，更需要在成体系且循序渐进的教育过程中慢慢产生效果。苏霍姆林斯基通过对同一批学生自一年级入学至毕业的学习生活的追踪研究，记录了学生们从最初制作口算棒到最后操作拖拉机的成长经历，生动证明了这个劳动教育体系是切实可行的。

（二）培养劳动态度，做好劳动准备

苏霍姆林斯基认为，劳动能够塑造人、培养人，是学校实践教育不可或缺的途径。劳动对教育有渗透作用，二者密不可分，劳动教育与学校教育也不能分割。在帕夫雷什中学，苏霍姆林斯基将劳动放在了整个学校教育体系中最为突出的重要地位，认为学生只有通过劳动，才能充分发挥个人的智力和才干，才能成为一个真正的苏维埃公民。[1] 劳动教育的目的应当是让普通人通过劳动体验提升道

---

[1] 胡君进，檀传宝. 劳动、劳动集体与劳动教育——重思马卡连柯、苏霍姆林斯基劳动教育思想的内容与特点 [J]. 国家教育行政学院学报，2018（12）：41.

德情操和培育精神素养，掌握生活基本的劳作技能，进一步获得某些领域的专业技能和技巧，通过劳动享有物质福利回报。在普通学校的学生参加生产劳动前，有必要让他们做好劳动相关的准备。苏霍姆林斯基认为，这不仅是一个传授知识和技能的问题，更重要的是一个思想教育的问题。如何做好劳动准备是学校教育教学要认真研究的重要课题。

　　做好劳动准备，首先就是在道德上做好准备，培养学生的劳动兴趣和逐渐形成热爱劳动的思想。这种品质是可以通过学校的整个教育工作体系（包括教学、获得知识、掌握实际技能和技巧）来培养的。❶ 苏霍姆林斯基认为，对待劳动的态度是决定一个人的精神生活和道德面貌极其重要的因素。热爱劳动的思想需要在智力、情感、意志、价值观等综合素养形成的过程中培养起来。一个人越聪明，情感越丰富，意志越坚强，价值观越公正积极，他对劳动就越会表现出热衷鲜明的态度。❷ 在学生进入学校后，教师们首先要培养学生对劳动的兴趣。要善于选择与生活关联密切的劳动和适合学生年龄的劳动，可以针对学校环境特点和学生家庭特点为他们安排劳动。比如对于低幼年龄的儿童，他们对大自然充满好奇和兴趣，如果给他们设计一些能意识到自己有能力作用于大自然的劳动，像种植能结出果实的植物，就会有助于培养孩子们在劳动中找到主宰事务的满足感。❸ 当学生对某种劳动有了一定的经验，能够自觉参加劳动，才能逐渐培养他们有意识地选择有志向作为职业的劳动。

　　对待劳动的态度是人的精神生活的重要因素，要让学生形成热爱

---

　　❶　В. А. 苏霍姆林斯基 . 苏霍姆林斯基论劳动教育［M］. 萧勇，杜殿坤，译 . 北京：教育科学出版社，2019：7.

　　❷　同 ❶ 2019：8 – 10.

　　❸　同 ❶ 2019：13.

劳动的思想，就要在智力、情感和意志等精神层面共同构建起对劳动的感知，在学生与劳动之间建立起多种层次的关联，不断地强化劳动带给他们的积极感受，劳动就会逐渐融入学生的精神生活。苏霍姆林斯基认为，学校的集体生活形式对于培养热爱劳动的思想极为重要。在学校，所有学生处于一定的相互联系中，共同的生活环境产生了许多体现共同努力成果的机会，劳动特别能够反映出一个人对待集体利益的态度，也成为影响公共评价的重要因素。而且，苏霍姆林斯基建议可以把全体学生集合在一个地方，规定每个学生都完成同一种劳动，让学生互相看到其他人完成的劳动份额和成果，让他们体会自己对集体劳动的贡献。只有真正为集体的共同目标真诚付出，形成为集体劳动、为集体创造财富、为集体服务的思想，才是劳动教育追求的道德品质。因此，苏霍姆林斯基认为热爱劳动的思想在集体氛围的强化下更容易培养建立起来，集体尊重劳动的情感越强烈，对每一个学生的劳动思想教育就越有效。❶

在劳动态度的教育中，劳动纪律是非常重要的内容，同时，劳动也能够起到教育学生遵守纪律的作用。苏霍姆林斯基认为，学校要给学生提供参与一项有完整过程、有明确目标、能长期从事的劳动项目，在这种每天持续的劳动过程中，学生可以不断树立起自觉的劳动纪律观念，形成自己的劳动态度。

劳动成果的奖励是有效培养劳动积极性的重要方式。实践证明，物质激励对于劳动者的劳动热情有重要的促进作用。对于学生也是如此，要利用好这种鼓励方式，吸引学生参与有回报的生产劳动，也能够使学生理解劳动报酬是他们日后重要的生活来源。当学生在学校吃到用自己的双手种植出的果实，用在学校劳动挣到的钱买来

❶ B. A. 苏霍姆林斯基. 苏霍姆林斯基论劳动教育 [M]. 萧勇，杜殿坤，译. 北京：教育科学出版社，2019：14.

文具或衣服，对于学生的教育意义就会更为深刻。苏霍姆林斯基非常注重学生自食其力的劳动体验，让他们把靠自己的劳动所换来的物质奖励与父母给他们提供的物质财富加以比较，更加凸显出劳动的价值，学生们对于父母承担的劳动付出和对家庭的贡献也会有更强烈的感受。

学校还应当重视学生的个性差异，而在学生积极参与劳动活动的过程中也给予他们充分展示自己爱好和特长的机会。学校和教师一方面要针对环境特征，选择适合在学校开展的劳动活动，提供丰富的、适宜的劳动教育素材；另一方面也需要在活动中注重观察学生的表现，让孩子们选择自己感兴趣的劳动项目，鼓励他们自由发挥创造性才能。劳动教育更加需要学校和教师们重视因材施教，帮助学生挖掘出他们对某些劳动项目的兴趣，培养自身擅长的某一领域的劳动技能，建立他们对劳动职业的追求。

因此，学校安排的劳动教育不能仅仅为了让学生感兴趣，还应当充分考虑劳动教育的目的。劳动教育不是通过简单安排一些有趣的、短期的体力劳动项目就可以实现的，要通过精心的设计、不断深化持续的教育过程及教师适时的参与指导，在集体活动中让学生学会遵守劳动纪律、感受劳动兴趣、克服困难、获得劳动收获等才能实现。劳动教育能够逐渐培养学生认识劳动的社会意义，在劳动教育的促进下提升知识学习和技能学习的动力，深化自己对学习目标和职业选择的理解，在劳动过程中激发学生们的创新能力和探索能力。

（三）教育教学方式对劳动教育的直接影响

在苏霍姆林斯基看来，能够对学生的道德修养产生决定性影响的因素有两个，一是学生的生活经验，二是教师的思想教育。在生活经验方面更多是通过家庭和社会环境的接触影响他们的生活态度，而学校对学生进行精神面貌和道德、价值观等层面的教育，期望在思想道德培养方面提升学生对劳动意义的认识，教师应当紧密结合学生的生活经历和劳动体验适时进行言传身教，这样劳动教育的效果会更为明显。

1. 教师言语教育的直接影响

苏霍姆林斯基认为，劳动教育是一个涉及诸多因素且非常复杂的教育体系，需要在循序渐进的过程中对学生产生影响。教师是实施劳动教育的重要主体，在劳动的思想教育方面能够发挥最直接的言语教育作用。苏霍姆林斯基在帕夫雷什中学与教师们共同探索实施劳动教育的有效教学方法，从课堂讲授的内容出发设计劳动思想教育的不同方法和不同层次，充分考虑到不同年级学生在理解能力和接受能力方面的差异，不断深入拓展劳动思想的灌输和培育，从建立学生对劳动和劳动者的尊重意识入手，逐渐培养学生理解劳动的意义，树立对理想职业的追求。

对于学龄初期（1～4年级）的学生，苏霍姆林斯基在学校会安排班主任以讲故事的形式培养孩子们对劳动者的崇敬思想，形成热爱劳动的积极态度。教师在课堂上可以选择一些劳动模范的故事及热爱劳动的事例讲给学生听，有意识地进行道德教育。在教育教学实践中，教师的言语教育形式是直接的，影响作用却是潜移默化并且持续深远的。教师要善于利用语言的感染力和吸引力，运用生动鲜活的故事打动学生的内心，触动他们积极投入劳动的情感认知，激发他们自觉尊重劳动、热爱劳动的道德情怀。帕夫雷什中学的全体教师把建设共产主义事业的劳动故事作为爱国主义劳动教育的重要内容，融入教学体系之中，他们还会有计划地安排每周教育性故事的课时，制定围绕劳动主题开展谈话教育的长期规划。他们利用报刊上的资料，搜集反映本地区或附近优秀工人和农庄生产队员共产主义劳动态度的实例，也通过亲身观察和访谈获取类似的素材，自己编写成适合讲给学生听的故事。❶ 这些故事都以人们热爱劳动为主题，表现出不计个人得失、忘我投入劳动的精神思想，特别是故事中的人物和所从事的劳动都非常贴近学生的日常生活，很容易引起学生情感上的共鸣。教师把对劳动付出的努力和劳动成果作为一种伟大的功绩来讲述，为学生描绘出劳动者最光辉时刻的精神世界，让劳动故事更具教育性和感染力。学生在回家后也很愿意将在学校听到的劳动教育故事与家人分享，尤其是如果这些故事发生在本地区，故事中的人物和职业被家人熟悉，或许能够引起家人的共同探讨，这有助于巩固学生与家人对劳动态度的强化认知。教师不仅会在课堂上讲述教育性故事，还会安排学生到工厂、农庄等地方参观热火朝天的劳动场景，在现场对学生进行劳动方式的讲解，开展劳动态度的教育。在学龄初期开展劳动故事教育是实现劳动思想教育的有效途径。

进入学龄中期（5～7年级），一般会更换新的班主任接管班级，这一批班主任都要做好衔接工作。一方面要了解学生的情况，另一方面也要研究前任班主任的教学方法和教学风格。前后两任班主任会一起讨论学生的各方面情况，包括兴趣和特长；在劳动教育范畴，更重要的是研究制订未来适合学龄中期学生们的劳动活动计划和教学计划。对于学龄中期的孩子，教师要引导他们对劳动有更进一步的理解，包括认识劳动的经济意义和社会意义等方面。教师要鼓励学生参与周期更长、复杂程度更高的劳动，拓展他们的劳动能力，

❶ B. A. 苏霍姆林斯基. 苏霍姆林斯基论劳动教育［M］. 萧勇，杜殿坤，译. 北京：教育科学出版社，2019：25-26.

在实践中让学生有更深刻的劳动体验，深化对劳动方法和劳动成效的探索。教师针对劳动教育的讲授可以伴随一项长期的劳动过程，开展一年或更长时间的教学安排。例如帕夫雷什中学的一位班主任，在一个学期的时间里，每周都会给学生介绍附近农庄一个甜菜种植小组的劳动情况。种植小组的组长是玛丽娅，她与家人一起克服种种困难，努力劳动，连续三年实现了甜菜的高产。教师会在这一学期给学生讲述玛丽娅和她的母亲、女儿如何团结，如何想办法保护甜菜不受寒凉天气影响，以及在积累了经验之后明年有什么样的种植计划，等等。❶

学生们深刻体会到为了取得更好的劳动成果，既要付出艰辛的努力，也要有团结协作，还要善于想办法解决问题，在劳动中不断改进调整。当学生们对同一个劳动项目了解得越多，他们也会愿意思考和研究有关这项劳动的困难与挑战，对于劳动实践的兴趣就越为浓厚。因此，学龄中期教师除了言语教育，还会安排与故事紧密相关的劳动活动让学生亲自体验。随着学生们逐渐将教师的言语教育同劳动实践结合起来，他们对劳动的创造性实质有了进一步认识，对于劳动的兴趣也会更加高涨。

到学龄后期（8～9年级），班主任在保持原有教学方式的基础上，会有针对性地增加与学生的个别谈话环节。一方面，教师要引导学生开始关注未来适合自己的谋生道路，确立劳动志向；另一方面，教师要善于在日常学习和劳动实践过程中发现学生面临的困难和问题，帮助他们坚定意志、克服困难。学龄后期的学生们不再愿意听教师灌输的"大道理"，他们有自己的想法和逐渐树立的价值观。教师要注意谈话的方式，关注学生的思想和心理动态，加深与

---

❶ В. А. 苏霍姆林斯基. 苏霍姆林斯基论劳动教育［M］. 萧勇，杜殿坤，译. 北京：教育科学出版社，2019：35.

学生们的交流，真诚地帮助学生建立自己的理想追求。在劳动实践方面，学校要为学龄后期的学生安排与生产劳动更紧密相关的活动，提高劳动项目的复杂性和挑战性，锻炼学生们的耐心和意志力。

2. 学生与劳动者的直接接触

在帕夫雷什中学，除了通过教师的言语教育和谈话教育开展劳动教育，学生们还有很多机会与劳动者进行直接的交流。学校成立一些与劳动活动相关的课外小组，并邀请附近的劳动模范作为课外小组的跟踪辅导员，持续性地指导学生进行劳动实践。苏霍姆林斯基认为，让学生与那些善于劳动、热爱劳动，而又能够通过谈论劳动鼓舞他人参与劳动的人接触，会对学生产生积极的影响。在教育领域，学生的认知、情感、价值观等很大程度受他们在童年和青少年时期交往的人、生活的环境、经历的事所影响。因此，苏霍姆林斯基认为，开展劳动教育应当尽早地让学生接触劳动，聆听教师和劳动者谈论劳动经历和感受，做好让劳动教育持续融入教育教学体系的课程安排，在教科书等教学资料方面也有针对性地纳入劳动教育相关内容，在课外小组和劳动实践活动中制造更多机会让各行各业的劳动者与学生们直接交流沟通。

3. 艺术作品对劳动形象的巩固作用

对于能够开展自我阅读的学生们而言，他们有关劳动的生活理想和自我认识的形成也在一定程度上取决于课外阅读的文艺作品带来的观念影响，特别是有些书籍能够帮助学生理解劳动者的精神世界，为他们奠定了劳动价值导向。苏霍姆林斯基建议全校教师力求做到在孩子们的课外阅读书目中，将有关劳动和劳动者的书放在显著位置，并围绕这些书籍的主题思想给予学生一定的指导。在推荐书目的选择方面，教师会精心选取适合不同年级的学生理解的劳动主题读物，例如为学龄初期的学生挑选一些趣味性强且能够吸引他们坚持阅读的书，让学生们能够了解和熟悉某一类劳动者的工作，也可以通过关于劳动的文艺作品让学生产生关注周围生活中某些同类事物的兴趣，引发学生的探索欲和求知欲。有些书中的艺术形象也有助于培养学生结合自己的特长发掘劳动爱好，尽早明确自己的职业选择倾向。❶ 由此，文艺作品的教育作用也在劳动教育体系中占有重要地位，教师可以激发学生在阅读的过程中提升思想认识，从丰富精神生活的层面加强劳动教育，培养学生的道德感，树立劳动的热情和向劳动榜样学习的信念。

（四）劳动教育对人的全面培养

苏霍姆林斯基认为，劳动对促进人的全面发展具有重要作用，劳动教育的目的是培养社会公民，培养"真正的人"。在苏霍姆林斯基看来，德智体美劳教育是一个完整的系统，劳动教育与德育、智育、体育、美育都是分不开的，且对德育、智育、体育、美育都有促进作用。

苏霍姆林斯基指出，"劳动是道德之源"，劳动对于促进学生养成良好的道德品质和行为习惯有不可忽视的作用。目前社会经济发展越来越好，孩子们很有可能更容易享受到家长提供的物质福利，从而忽视了这样的物质享受是由努力劳动换来的。因此，苏霍姆林斯基认为，劳动是培养学生正确看待物质福利的重要途径。只有亲身体验劳动，在劳动过程中克服重重困难、感受付出努力后取得成功，才能帮助学生建立劳动创造物质财富的观念。他还认为，通过

---

❶ B. A. 苏霍姆林斯基. 苏霍姆林斯基论劳动教育［M］. 萧勇，杜殿坤，译. 北京：教育科学出版社，2019：64 – 67.

劳动可以培养学生为社会谋福利的愿望。他说："一个人在童年、少年和青年早期在为社会的无偿劳动中贡献的力量越多，他在内心就会更加深切地珍惜那些好像与他个人没有直接关系的事物。劳动的道德实质还在于一个人把自己的智慧、技艺和对事业的无私的热爱变成劳动的物质成果，他会享受到光荣感、自豪感，为自己的成就而自豪。"❶ 劳动既创造了物质收获也能够提升人的精神境界，学生在劳动中除了掌握劳动技能，还能更加热爱劳动，尊重劳动者，珍惜劳动成果，体会到劳动的乐趣。苏霍姆林斯基说："如果一个学生不能从内心真正体会我们幸福生活的来源必须通过亲手劳动去创造的话，那就不可能培养出真正热爱劳动和尊重劳动人民的人。"❷

　　在学校进行劳动教育能够促进教学效果，一直是苏霍姆林斯基坚信的观点，也是他坚持教育教学要与生产劳动相结合的核心理念。苏霍姆林斯基全面研究了动手和智慧的相互关系，他认为心灵促手巧，手巧也促心灵。他提出，劳动的重大意义在于手脑结合，这也是驱使孩子进行体力劳动的最强大动力。劳动充分融合了体力劳动和脑力劳动，让学生获得手脑结合的实践锻炼，在动手过程中激发思维和智力的发展。例如，在学生参与动手栽培农作物和饲养家畜的劳动时，可以引导为通过解决一些问题和实现某些创造性想法而激发他们认真观察并进行独立思考，培养探究自然现象的浓厚兴趣和实践能力及创造性思维。在这个过程中，孩子们也会接触到生物、物理、地理、科学等各类知识，通过综合运用，很好地促进他们对知识的理解和掌握。❸ 如果一个人热爱劳动，他的思路是宽广的，目

---

❶ 王建亚. 苏霍姆林斯基劳动教育思想探究 [J]. 上海教育科研，1991（5）：23.

❷ 王吉吉. 论苏霍姆林斯基劳动教育对个性全面和谐发展教育的作用 [J]. 黑河学刊，2017（1）：113.

❸ 涂丹霞. 苏霍姆林斯基与中国的劳动教育 [J]. 教师教育论坛，2019（8）：80.

光是敏锐的，思维是开阔的，同时也是富于创造性和钻研精神的人，他热爱学习，爱科学，爱知识，爱书籍。他深信："劳动足以能够使每个人身上燃起求知的火花"❶。

苏霍姆林斯基认为，体力劳动是劳动教育的最初阶段，劳动教育与体育锻炼和身体机能的发展存在着密切联系。体力劳动的过程能够锻炼学生的身体素质，所起的作用与运动一样重要。而与生产相结合的劳动促使学生尽力将头脑与双手的创造性劳动结合起来，对大脑的控制和身体协调能力提升都有益处。特别是从事一项持续性的劳动能够有效锻炼学生的体力、耐力和意志力。苏霍姆林斯基发现，在整个学期中从事割草、种植树苗等劳动的学生显示出良好的体态、强健的体魄和饱满的精神状态。❷ 户外环境的劳动让学生提高了抵抗力，患病的概率也有所下降。劳动的种类和强度不同，对人身体的作用也不相同。由于劳动教育过程中需要体力、技巧和技能等多方面能力的结合，学生进行适当的劳动能够促进他们体质的改善，增强神经系统的发育，加强肢体的灵活性，还能促进新陈代谢，改善睡眠。❸ 体力劳动也能够促进学生对生产生活的认知，在此基础上可锻炼劳动技能，强化学生适应生产劳动的能力。此外，苏霍姆林斯基还认为，进行户外劳动有利于磨炼学生们的注意力和精细动作，也有助于稳定情绪。

劳动对于美育也是有促进作用的。一些劳动项目能够极大地促进孩子审美能力的发展，比如在制作手工、剪纸、刺绣等活动中，学生可以尽可能发挥自己的主观审美能动性，培养审美意识，提高

---

❶ 王吉吉. 论苏霍姆林斯基劳动教育对个性全面和谐发展教育的作用 [J]. 黑河学刊，2017（1）：113.

❷ 涂丹霞. 苏霍姆林斯基与中国的劳动教育 [J]. 教师教育论坛，2019（8）：80.

❸ 宋雪. 苏霍姆林斯基劳动教育思想及对特殊教育的启示 [J]. 出国与就业，2011（16）：140.

欣赏美的品位。再比如，修剪植物、打理花园，规划设计校园和班级布置等都是对学生审美能力的一种培养。❶ 劳动习惯的养成和热爱劳动的品质更体现出一个人的内在美。在苏霍姆林斯基看来，热爱劳动本身就是一种心灵美。他指出"美是一种心灵的体操"，通过美育的潜移默化能够让人识别道德的美与丑。从一定意义上说，美育和德育也是统一的：美育是德育的进一步深化和丰富化，内心美和外在美相统一，才是道德高尚的美德表现。❷ 在集体劳动的过程中，人们之间相互帮助、团结合作，形成一种非常和谐美好的社会关系。苏霍姆林斯基提倡教育学生时要让学生的心灵美和外表美结合起来，正如坚持劳动也能够锻炼健美的体魄，每个人都希望自己在别人眼中是美好的形象，包括外表和内在。值得倡导的是，当人们做自己热爱的工作和劳动时会展现出一种生机勃发的精神状态，这种美更加能够打动人心。当学生们通过自身努力完成一项劳动时，他们会看到自己的力量，感受到贡献自己的劳动是一种美。这都会使学生体会到劳动的意义、自身的价值和生活的快乐。❸

三、黄炎培劳动教育思想

黄炎培先生是我国近现代著名的爱国主义者、民主革命家、政治活动家和教育家。在教育领域，他深度参与了我国的学制改革，借鉴西方教育制度和理念的先进之处，创办了多所新式学校，极大地推进了中国教育的转型发展。黄炎培先生在国内教育领域最早

---

❶ 涂丹霞.苏霍姆林斯基与中国的劳动教育［J］.教师教育论坛，2019（8）：81.
❷ 徐洁.苏霍姆林斯基"个性全面和谐发展"教育思想中的人才观及现代启示［J］.甘肃高师学报，2017（2）：35.
❸ 宋雪.苏霍姆林斯基劳动教育思想及对特殊教育的启示［J］.出国与就业，2011（16）：140.

宣传、推介实用主义，改善了传统教育体系中教育脱离社会生活和生产的问题。他创办了中国第一个倡导和推动职业教育的社会团体——中华职业教育社，之后又参与建设了中华职业学校，这是中华职业教育社最早创设的一所城市工商业教育学校，也是近代中国第一所正规的职业学校。[1] 在此基础上，黄炎培先生通过职业教育实践发展了中国最早的职业教育思想体系，堪称我国近代职业教育的创始人，为我国近现代职业教育的发展奠定了坚实的理论与实践基础。[2] 黄炎培先生对职业教育体系的理论和思想贡献是黄炎培劳动教育思想的重要内容。

（一）中华职业教育社的成立宗旨

中华职业教育社是中国最早从事职业教育的团体。1917 年 5 月，黄炎培先生和其他教育界知名人士联名发表了《中华职业教育社宣言书》，宣告中华职业教育社正式成立。《中华职业教育社宣言书》中提出，中国当时的教育危机是难以解决毕业生的生计问题，学生所学不能为社会所用，而救济之道在于"推广职业教育，改良职业教育，改良普通教育，以适于职业之准备"。中华职业教育社的章程进一步阐明了建立此社的宗旨："同人鉴于吾国最重要最困难问题，无过于生计，根本解决，唯有从教育下手，进而谋职业上之大改善……同人认此为救国家救社会唯一方法，矢愿相与终始之。"[3] 在教育理念方面，中华职业教育社希望发展职业教育，解决教育的实用问题，主张通过教育把个人发展与社会经济联系起来。在实践活动方面，中

---

❶ 钱彩琴，刘楠楠. 黄炎培与中国职业教育 [J]. 中国档案，2018（11）：80.

❷ 李珂. 嬗变与审视——劳动教育的历史逻辑与现实重构 [M]. 北京：社会科学文献出版社，2019：29.

❸ 钱彩琴，刘楠楠. 黄炎培与中国职业教育 [J]. 中国档案，2018（11）：80.

华职业教育社积极创办了中华职业学校，促进学习与生产相结合，注重培养学生的职业技能，树立了职业教育的培养特点。之后，随着黄炎培先生对职业教育的理解不断深入，他在《职业教育谈》中对职业教育的内涵进行了凝练总结，"职业教育之旨三：为个人谋之准备，一也；为个人服务社会之准备，二也；为世界、国家增进生产力之准备，三也"❶。

（二）培养尊重劳动的价值观

黄炎培先生认为职业教育能够实现教育救国。因为国家需要建设高水平的工业才能逐渐强大起来，这需要依赖更多有能力的高水平劳动者。发展职业教育是提升劳动者职业技能的基本手段，能够发挥教育的实用意义，造就一批高素质的劳动者投身工业化建设。以职业教育支援国家建设是黄炎培先生建设中华职业教育社和中华职业学校所坚持的理想信念，因此劳动的价值和意义在职业教育倡导者心中得到了深度认同和尊重。《中华职业教育社宣言书》中提到，"各级教育，应于训练上一律励行劳动化，俾青年心理上确立尊重职业之基础，且使其获得较正确之人生观"❷。中华职业学校是黄炎培先生职业教育理念的实践基地，所有职校学生在入学时都会签写一份誓约书，第一条便是"尊重劳动"（学生除半日工作外，凡校内一切洒扫、清洁、招待等事，均有全体学生轮值担任）。通过让学生参与日常学习生活中的校内劳动体会劳动意义，学会尊重自己和他人的劳动成果。黄炎培先生认为，学会尊重劳动、尊重职业是职业教育培养学生的第一课，也是引导学生树立正确的价值观、涵

---

❶　肖龙.黄炎培大职业教育主义思想的形成、特点与启示［J］.职教通讯，2019（3）：11.

❷　王晴.黄炎培劳动教育思想的新时代应用［J］.职业教育研究，2019（12）：94.

养职业精神的重要一环。培养尊重劳动的价值观更关乎每个劳动者的个人素质，因为只有尊重劳动，才能尊重职业，才能发挥最大的劳动价值。劳动教育也促进了学生对于职业平等的认同，端正了学生的劳动观念。黄炎培先生大力推行尊重劳动的价值观在当时具有重大的进步意义，他坚持倡导以劳动价值和职业能力肯定个人价值，在职业教育中注重职业道德和劳动精神的培养，这种尊重劳动的理念更符合社会发展的需要，也逐步建立起被大众广泛认同的价值体系。[1]

（三）坚持以实用主义指导劳动教育

在黄炎培先生的职业教育实践中，实用主义发挥了重要指导作用。黄炎培提倡发展重在满足社会需要的职业教育，实用主义是其推进职业教育和劳动教育的重要理论基础。黄炎培先生认为，职业教育要兼具传授知识和提升劳动技能的实用性，以解决个人谋生问题为主要目标，并且更重要的是能够加强教育的实践效果，促进社会经济发展。在黄炎培先生看来，劳动教育是职业教育的重要内容，也是教育实践的主要途径与手段，通过劳动能够将知识与技能、动手与动脑有效结合起来。

黄炎培先生倡导的职业教育和劳动教育有三个特点。一是职业教育办学和劳动教育面向的范围要平民化与社会化。职业教育的教育对象要面向全社会的劳动者，开展职业教育应从劳动者所在的社会入手，引导职业教育和劳动教育为社会生产服务。同时提倡职业教育与教育界其他领域相互融合，还要立足于社会需求，了解各行各业的需要并调动社会各方面资源形成合力，培养技术技能型人才。

---

❶ 张琛，李珂. 论黄炎培劳动教育思想的丰富内涵与当代启示［J］. 教育与职业，2019（2）：94.

二是强调职业教育和劳动教育的内容体现实用性和立体性。黄炎培先生主张办落地实用的职业教育，无论是教学内容、课程设置、学科分配、培养标准、实习办法等，都提倡以具有实用性，且与生活、生产相联系的内容为核心，以便于实际操作、服务实际应用为目标，特别强调学生必须积极参与劳动，以实际劳动作为掌握技能的首要途径。❶ 职业教育和劳动教育的立体性体现在多个方面：首先，劳动能够发挥个人视觉、听觉和触觉等多重感官的立体感受，对学生掌握知识和技能有很好的促进作用。其次，学生在劳动实践的过程中能够收获多种体验，体验劳动的艰辛，体验收获劳动成果，体验集体协作，有助于养成他们不畏艰辛的劳动精神，培养学生对劳动的尊重，感受集体生活。最后，职业教育和劳动教育可以借助丰富多样的教学材料和实物工具，让教学方式更为立体化。三是主张教育教学充分考虑学生的主体性。黄炎培先生追求职业教育"为谋个性之发展"，将"因材施教"作为职业教育的教学原则之一，呼吁尊重学生的差异和个性发展。例如，对于男女学生，由于今后从事的职业会有不同类型的倾向，职业教育和劳动教育的内容不能千篇一律，应当各有侧重。男生适合学习金属、木工等工科，女生适合学习烹饪、裁缝、家事等。此外，在专业设置方面，黄炎培建议学校注重学生的个别差异性，尊重学生个人意愿，发挥学生的长处与创造性。❷ 黄炎培提出，毕业生在就业选择时"要把自己天赋的才能和性格，与环境的需要和可能配合"❸。只有结合社会需要，让劳动者从事与自己的个性特质相适应的职业，才能更好地实现职业教育

---

❶　张琛，李珂. 论黄炎培劳动教育思想的丰富内涵与当代启示［J］. 教育与职业，2019（2）：95.

❷　王晴. 黄炎培劳动教育思想的新时代应用［J］. 职业教育研究，2019（12）：93.

❸　吴雨. 黄炎培职业教育教学思想的缘起、内涵与现代价值［J］. 职业技术教育，2018（22）：58.

和劳动教育的价值。

（四）探索劳动教育的育人价值

黄炎培先生以他满腔的爱国热情投身于教育事业，立足国家发展需要促进教育改革，他这种赤诚报国的教育理念和对教育实用主义的推广传递到了社会各个角落和普通百姓家，对于树立教育目标，培养学生的劳动精神和能力具有重要意义。

在劳动精神层面，黄炎培先生除了强调要尊重劳动，还提出在职业教育中应帮助学生树立"敬业乐群"的思想，重视教学内容中加强职业道德教育。他曾在《职业教育析疑》一文中指出，职业教育不仅是职业技能的训练与传授，还包括职业道德的培育，二者缺一不可。❶倡导"敬业"与"乐群"的职业道德教育能够帮助学生更好地理解职业，享受集体劳动的过程，从而在劳动实践中真正做到全身心投入，这有助于促进教育发挥更大效用。把"敬业乐群"作为中华职业教育社的校训，并把其作为学校的基本道德规范加以要求。在教学活动中，要培养学生对所从事职业的责任心和兴趣，树立正确的价值观和义利观。黄炎培先生认为要做好职业道德教育，要重视教师的作用，也要十分肯定教师的作用，认为教师的影响深且广。他注重选择"敬业乐业"的教师，注重教师提升自身素养和能力，真正发挥教师作为引导者的榜样作用，以其人格魅力潜移默化地影响学生。同时，教师还要与学生搞好师生关系，融入师生感情，以情化人，以情培智。因为教师的"教"不仅能够影响学生的思想，还会感染学生的行为和习惯。学生学习理论知识与实践技能只是一方面，还要学习为人之道。

---

❶ 吴雨. 黄炎培职业教育教学思想的缘起、内涵与现代价值 [J]. 职业技术教育，2018（22）：58.

　　在培养劳动能力方面，黄炎培先生认为学与做相结合能够形成完整的认知教育。在职业教育实践中，他大力倡导"手脑并用，做学合一"的教学理念，这也为中国现代职业教育倡导"产教融合，工学结合"的理念奠定了基础。他对于长期以来学校教育中存在的"学用脱节"这一"顽症"深恶痛绝，誓言要坚决摒弃旧教育鄙视劳动、轻视实践、崇尚"死读书"的陋习。

第三章

国际劳工标准衍生体面劳动理念

一、国际劳工标准的发展历程

（一）国际劳工标准的概念起源

欧洲最早完成了工业革命，大部分资产阶级国家的生产力水平获得了极大提高，然而市场力量的作用使各国的劳动力生存状况不断恶化，资本家为了在竞争中争取优势，疯狂压榨工人的雇佣成本，降低工作条件、使用童工，等等。起初，人们试图对市场力量加以限制，于是欧洲国家层面提出就劳工问题立法，通过国内立法要求企业主必须遵守保护劳工权利的规章，这种缓解劳资矛盾的立法措施起到了保护劳工权利的作用，也奠定了劳工标准的初期表现形式。

在英国，"劳工标准"概念首次被采用，是在 1802 年乔治三世时期提出的《道德与医疗健康法案》（*Morals and Health Acts*）中。1831 年，《工厂条例》（*Factory Acts*）中规定了雇佣人员的年龄下线，对儿童的每日工作时间设置了最长限度，从事工业劳作的工人还有额外的健康与安全标准规定。❶ 随着生产力的发展，英国国内市场已经难以满足急剧扩张的生产需要，因此拓展国外市场、开展国际贸易成为适应生产力提高的现实要求。❷ 这一阶段，有关劳工标准的讨论除了从社会角度关心劳动者以外，开始逐渐进入对外政策领域的视野。

（二）国际劳工标准的先行者

罗伯特·欧文（Robert Owen）被一些人认为是在国际劳工法律体系的发展进程中有着突出贡献的先行者，他是英国知名的制造商和慈善家。1818 年，罗伯特·欧文曾向欧洲法院提交过两篇有关劳工标准问题的建议书。然而，这些建议实际上没有明确地提及国际劳工的法律规范，只是泛泛而谈，因此，我们还不能认定欧文是国际劳工法律体系的创始人。事实上，通过资料的查证发现，查理斯·弗莱德里克·亨得利（Charles Frederick Hindley）才是这一体系真正的思想先驱，他在 1835—1857 年担任英国阿什顿安德莱恩镇❸的国会议员。1833 年，查理斯·弗莱德里克·亨得利就劳工法提出了一项对外政策建议，他认为在国与国之间保持相互独立、相互尊重是至关重要的，这一点尤其体现在对外贸易与国际竞争中。限定劳动时间，就是由查理斯·弗莱德里克·亨得利提出的改善劳工工作状况的具体措施。此外，法国社会活动家丹尼尔·格兰德（Daniel Le Grand，1783—1859），是开创国际劳工标准研究并试图在多国的合作下推行

---

❶ ROBERT COVILLARD, GILLES DOSTALER. Labour Standards: A discussion of Some Economic and Legal Aspects of Labour Standards and Their Relevance to Quebec [M]. The Australian State of Victoria: Allen & Union Book Publishers, 1986: 8.

❷ 杜晓郁. 全球化背景下的国际劳工标准分析 [M]. 北京：中国社会科学出版社，2007: 15.

❸ Ashton – under – Lyne，英国西北部的一个街区，曼彻斯特的一个工业郊区。

协议性劳工标准的先行者。丹尼尔·格兰德支持在法国开展大范围的工业革命，他在 1840—1853 年曾多次向欧洲的主要国家发出呼吁，希望他们就劳工立法问题达成共同协议，以消除残酷的竞争对劳工待遇的损害。他还研究了各国的劳工法律，并对工时、公休日、夜班、有损健康或危险工种以及童工问题等，起草了一些意见书。❶丹尼尔·格兰德对劳工法的建议涉及建立工作时间限制、制定休息日制度及夜班制度，以及对不安全职位和雇佣童工的约束条例。❷ 虽然在丹尼尔·格兰德有生之年他的建议和研究成果并没有被采纳，但是他的思路和尝试性研究对后来发展的国际劳工标准具有重要的启发意义。

经过一些政治家的努力，德国和法国的议会最早对是否应当制定保护劳工权利的国际性标准展开了讨论。1889 年，瑞士联邦委员会向欧洲 13 个国家的政府发出了邀请，倡议召开一次讨论劳工法律及争取制定相关国际公约的预备大会。与此同时，德国也在筹划召开类似内容的多国讨论会。最后是瑞士放弃了邀请而全力支持德国举行此次大会。1890 年 5 月 5 日，"柏林大会"成功召开，与会小组分别就"国际工厂"和"矿山劳工"两大问题展开讨论，提出了关于童工、矿工、女工和每周工作日等一系列议题的建议书。虽然"柏林大会"最终没能就劳工问题达成国际协议，但是它标志着有关国际劳工标准的问题已经成为多国政府共同关注并有意愿共同讨论的国际问题，"柏林大会"的影响是极为深远的。

---

❶ 杜晓郁. 全球化背景下的国际劳工标准分析 [M]. 北京：中国社会科学出版社，2007：16.

❷ INTERNATIONAL LABOUR OFFICE. International Labour Standards：A Worker's Educational Manual [M]. Geneva，1990b：3.

（三）国际劳工组织对国际劳工标准的推广

在第一次世界大战结束后不久，以控制武器、平息国际纠纷、提高民众的生活水平及促进国际合作等为宗旨成立了一个国际组织——国际联盟，共42个国家成为初始成员国。国际联盟的主要机构有全体大会、理事会、秘书处，同时还附设了国际常务法院和国际劳工组织等机构，可见劳工问题已经成为国际组织重点要协调和解决的国家间事务。然而随着第二次世界大战爆发，激烈的国家间冲突难以维系国际联盟，该组织名存实亡，在联合国成立后正式解散。然而，国际联盟解散后唯一"幸存"保留下来的国际机构就是国际劳工组织，现在国际劳工组织已经成为联合国的一部分。

国际劳工组织成立于1919年，通过《凡尔赛条约》的谈判形成。它是联合国机构中唯一一个由工人代表和雇主代表以平等身份与政府共同组成的组织。国际劳工组织负责出台"设定劳工基本权利最低标准的公约和建议，推行国际劳工标准，从而倡导国际通行的劳工权利"。国际劳工标准（International Labor Standards❶）自此由理念性的探讨进入下一个阶段，成为由专门的国际机构负责研究，并实施管理的一种国际机制。

即便存在国际劳工组织这样的专职机构，有关处理劳工标准问题的复杂程度仍是难以想象的。国际劳工组织对国际劳工标准的界定大致可以从广义和狭义两个范围来理解。从广义上来看，国际劳工标准是由国际劳工组织在国际劳工大会上通过的国际劳工公约和建议书，以及其他达成国际协议的具有完备系统的关于处理劳动关系和与之相关联的一些原则与规则。从狭义上来看，国际劳工标准

---

❶ 大部分英文文献中使用"Labor Standards"，欧洲国家的著述和文献中多使用"Labour Standards"，本书在引述时以忠于原文为原则，由于差异较小因此不会引起混淆。

是由国际劳工组织三方成员（政府、雇主和工人）共同制定的具有法律属性的文件，它规定了关于工作和工作场所的原则、权利和最低标准。国际劳工标准可以采用公约的形式，这时它们是具有约束力的国际条约，有时也采用建议书的形式，这时它们不具有约束力。公约形式的国际劳工标准即国际条约，以出席国际劳工大会三分之二以上代表表决通过的方式制定。通过之后，该公约由国际劳工组织的成员国自主决定是否采纳，并可在任何时间选择履行该公约的批准手续，即承认本国接受该项国际劳工标准的法律约束力。同样，国际劳工公约对不批准的国家则无约束力。建议书也以同样方式制定，但无须经过国家的分别批准，其作用是供成员国在相关领域制定国内的劳工政策和劳动法律、法规时参考。大部分国际劳工标准通过公约和建议书这两种方式存在，有互为补充的特点，对企业规范劳工关系、确定责任标准有着灵活的促进作用。但是，如此宽泛多样的国际劳工标准体系也存在效力不明和缺乏严格约束力的问题。各国在政治体制、经济发展水平、社会状况和教育文化理念等方面的差异，导致时至今日国际社会仍然没有办法就国际劳工标准达成统一的共识。

于是，国际劳工组织努力推广一套较为具体的"核心劳工标准"（Core Labor Standards），希望广大成员国和更多国家首先在狭义劳工标准的概念范畴上达成共识，以帮助国际劳工的基本权益得到普遍保障。"核心劳工标准"的提出为落实国际劳工标准起到了提纲挈领式的作用。1996年，在OECD出版的《贸易、就业和劳工标准》一书中，根据OECD的解释，"核心劳工标准"应包括以下五方面的内容：一是废除强迫劳动；二是结社自由；三是组织和集体谈判权；四是消除剥削童工；五是消除就业歧视。国际劳工组织在1998年的国际劳工大会上通过了《国际劳工组织关于工作中基本原则和权利宣言及其后续措施》，其中规定了作为核心劳工标准的 8 项 "劳工的基本权利"（Workers' Fundamental Rights）。国际劳工组织将这 8 项核心劳工标准也称为 "基本劳工公约"（Fundamental ILO Conventions），他们已经被国际劳工组织理事会（Governing Body）确认，并被视为不论成员国经济发展水平状况如何，是为保护劳工在工作中应享有的基础权利而必须遵守的最基本的国际劳工公约。

该 8 项国际劳工公约以 4 个大类的形式划分权利属性。

（1）关于自由结社与集体谈判：

- 1948 年《结社自由和保护组织权利公约》（第 87 号）；
- 1949 年《组织权利和集体谈判权利公约》（第 98 号）。

（2）关于废除强迫劳动：

- 1930 年《强迫劳动公约》（第 29 号）；
- 1957 年《废除强迫劳动公约》（第 105 号）。

（3）关于平等权：

- 1951 年《男女同工同酬公约》（第 100 号）；
- 1958 年《（就业与职业）歧视公约》（第 111 号）。

（4）关于禁止使用童工：

- 1973 年《准予就业最低年龄公约》（第 138 号）；
- 1999 年《关于禁止和立即行动消除最有害的童工形式公约》（第 182 号）。

国际劳工组织的核心劳工标准旨在保障工人在工作环境中的基本权利，包括自由支配个人行为、自由地组织联合，以及有权获得法律的公平对待，等等。这些权利是维护工人为争取改善工作条件而采取其他一切措施的前提条件。

然而，对核心劳工标准也存在争议。例如，标准对全球范围的最低工资标准有规定，但对于通过法律规定最低工资的做法一直有反对声音。反对者认为最低工资标准的限定会影响就业，而主张由市场机制调节工人的工资，反对国家干预。再者，还存在不少发达国家希望通过核心劳工标准作为区域贸易的承诺条件。如果这种限制成为区域贸易协议的强制性内容，对国家的雇佣工资，尤其是低收入国家的经济将产生接近司法效力的制约。国际劳工组织应当审慎地对待核心劳工标准在不同发展水平国家中的适用效应，尽可能维护各国承担国际机制责任的对称性和公平性。

推行国际劳工标准的理念，其初衷和宗旨在于为各国的民众消除剥削和虐待劳工现象，此后可以逐步提升劳工标准的保障水平。目前在某些国家，劳工标准已经进入为维护工作场所的公平、实现民主决议机制而努力的阶段。对于在工作场所的民主实践，最近的实例出现在 20 世纪 80 年代的波兰和南非，这两个国家集中涌现出许多新的工会，帮助劳工维护民主权利。国际社会随后开始广泛关注对建设工作场所内民主环境的倡导。

虽然在西方社会曾经兴盛过工人通过工会改善雇佣条件和权利的模式，然而到了 20 世纪末，劳动者对工会组织的热衷有所消减，至今仍呈现出大大弱化的趋势。目前西方社会的工会组织参与率下降惊人，如美国的工会成员在劳动力中所占比例从 1955 年的 39% 下降到 2016 年的 10.7%，其中私营部门的工会会员只占工人总数的 6.4%。❶ 这种下降的趋势在绝大多数的西方国家都出现了，原因有很多。比如雇佣关系的性质发生变化，出现了更多的兼职工作者或个体经营者；流入大批非法移民，导致低端技术部门和行业出现越来越多不受劳动法保护的工人；发达国家的制造业和部分工业开始向服务业模式转化，而服务行业的雇主由于缺乏技术革新的利润提

❶ 张文宗. 美国工会已代表不了工人［EB/OL］.（2017－11－15）［2019－12－02］. https：//opinion. huanqiu. com/article/9CaKrnK5K9A.

升手段，只能通过降低雇员的待遇来降低持续增长的成本，由此让员工和雇主都产生了对工会更强烈的抵制情绪；经济的全球化发展和国际领域劳动法制的不健全导致全球竞争和不平等的权益分配加剧，人们对工会作用逐渐失去信心。❶ 随着这些潮流的延续，人们开始越来越多地关注国际劳工标准这一理念，并对国际劳工组织的工作有所期待。

国际劳工组织在制定章程时考虑到了不同程度的需求，并从工作进程角度规划了多个层次的工作重点。从最基础的层面来看是出于人道主义援助的目的，即为改善日益恶化的工人工作条件，制定规章制度，切实保护劳动者的合法权益，合理规范劳工关系框架。其次是出于政治目的，即保障劳资关系的有序进行，化解企业发展不利因素，进而维护社会稳定。当然，还有考虑经济目的的层面，即通过企业改善工人工作条件，保障员工身体健康，虽然这将不可避免地对生产成本产生影响，但制定一个合理的统筹规则或标准进行规范，可以有效规避工人出现工伤或罢工等严重危害企业效益的问题出现，起到协调劳资双方、促进利益平衡的作用。

国际劳工组织还通过提供技术援助帮助成员国批准和遵守国际劳工公约，并监督公约的实施情况。国际劳工组织的行动手段包括：实施技术合作项目和活动；开展技术咨询服务；介绍相关的国际经验和对比经验；开展研究和文献编纂；开展信息交流；开展培训和召开研讨会。一个国家一旦批准了一项国际劳工公约，就有责任定期就其实施的情况进行报告。对那些未遵守已批准公约的成员国也可以启动相关程序。除了帮助单个国家，国际劳工组织在联合国各

---

❶　WILLIAM B，GOULD IV. 国际劳工标准的理念 ［J］. 张倩，译. 中外法学，2006（5）：514.

个机构间的活动中也发挥着重要的协调作用，更重要的意义在于作为关注全球就业问题的牵头机构承担起重要的国际责任。

（四）国际劳工标准的实施

国际劳工标准的实施和落实，是极为重要而又存在颇多争议的问题。国际社会中一些先行国家迄今为止的实践情况和诸多专家学者的建议均呈现出多样化表现。在国际劳工标准的具体实施方面，国际劳工组织做了大量相关工作，其颁布的国际公约和建议书起了重要的促进作用。其在 1919 年成立时举行的第一次国际劳工大会上通过了保护生育公约、最低就业年龄公约，一百多年来，相继通过了有关童工、女工、残疾工、移民工、家庭工、非全日制工和劳动承包工及关于反对歧视、同工同酬、社会保障等方面的大量国际劳工公约和建议书。❶

除了上述形式的国际劳工标准之外，还存在其他几种形式的劳工权利规范，例如"社会条款""企业社会责任""社会责任标准"等。

"社会条款"是指美国等发达国家主张在贸易与投资协议里写入的关于劳动权保护的条款，条款内容以核心劳工标准为基础，有时会具体到对工资、工时等细节的规定。

"企业社会责任"（Corporate Social Responsibility，CSR）是指在市场经济体制下，企业的责任除了为股东创造利润外，也有责任考

---

❶ 美国加利福尼亚大学教授，弗吉尼亚·A. 利里（Virginia A. Leary）认为，国际劳工标准可以分为四种具体的落实方式，包括条约（Treaties）、守则（Codes）、软法（Soft Law）和贸易协议（Trade Agreements）。VIRGINIA A. LEARY. Form Follows Function: Formulations of International Labor Standards – Treaties, Codes, Soft Law, Trade Agreements [M] //ROBERT J, FLANAGAN, WILLIAM B et al., International labor Standards: Globalization, Trade, and Public Policy. Stanford: Stanford University Press, 2003: 179.

虑相关利益人，即影响和受影响于企业行为的各个群体，其中企业
劳动者是最主要的相关利益人。从创立目的可以看出，国际劳工组
织主要致力于解决劳动关系及其衍生出来的社会问题，健康合理的
劳工关系是企业社会责任的重要内容，也是推动企业社会责任运动
并提升企业竞争力的重要驱动因素。企业社会责任已经内化到企业
生产经营的各个环节，成为企业可持续发展的内在推动机制，也成
为企业与利益相关方在互动中阐明企业原则和价值观的重要途径之
一。劳工标准不应当是一种被高高挂起的条文章程，只有在更多的
企业自愿遵循的情况下才能得到有效落实。事实证明，稳定而合理
的劳工关系有益于企业和社会利益的良性循环与互促式增长，这就
需要企业兼顾各方利益，切实履行自身的责任，做到平衡、有序且
持续性发展。❶

社会责任标准（Social Accountability 8000，SA 8000），是由美国
的经济优先权委员会于 1997 年制定的一个可用于第三方认证的国际
标准体系，在性质上类似于国际标准化组织（International Standard
Organization，ISO）的 ISO 9000 标准体系。SA 8000 的主要内容涉及
9 个方面，包括童工、强迫劳动、健康与安全、结社自由、集体谈判
权、歧视、惩戒性措施、工资报酬、管理系统。

此外，已经启动 ISO 社会责任指南（ISO 26000）程序的国际标
准化组织与国际劳工组织就国际劳工标准也签署了有关备忘录。

在制定文本性规范明确劳工标准的具体内容的同时，国际劳工
组织具备一系列的工作原则帮助推广劳工标准。如今，国际劳工组
织承担推广劳工标准的全球机构职能，并定期对每一个批准了劳工
标准的国家进行跟踪考察。国际劳工组织长期推动国际劳工标准的

---

❶　韩斌. 国际劳工组织：推动建立和谐劳动关系 [J]. WTO 经济导刊，2009（2）：
70 – 71.

制定与执行，其在全球范围内推广三方协调机制的努力已初见成效，通过技术援助帮助各国建立自己的机制来实施劳工标准，进而实现与国际接轨。在推广劳工标准的进程中遇到阻碍时，国际劳工组织负责派出调研小组帮助该国解决问题并将报告公布出来作为可借鉴的研究案例。即便是对于没有签署自由结社条约的国家也会得到国际劳工组织的协助。然而，国际劳工组织不具有强制性权力干涉贸易，也没有制裁权，该机构以向成员国提供技术援助和法律咨询服务的形式，促进国际劳工标准在更广泛的范围内得到实施和落实。

国际劳工标准的实行需要借助区域组织和国际组织的推动，并被各个国家的国内制度予以采纳。国际劳工组织作为推广国际劳工标准的专职国际机构，与其他劳工事务相关的组织机构进行联合推动是促使国际劳工标准得以被国际社会广泛接受和"强化"落实的重要途径。在国际劳工组织的推动下，许多国家的政府同工会组织、企业雇主合作，制定符合本国国情的有关保护和扶持弱势劳工群体的法律及配套的规章制度，并在实施中加强监督，从而有效地改善弱势劳工群体的处境。就影响力度和范畴而言，国际劳工组织通过的国际公约、建议书和技术援助措施已具有全球影响力，然而也必须看到国际劳工组织在进一步落实劳工标准方面仍存在很大局限。

在监管的约束力方面，国际社会通常认为国际劳工组织的工作缺乏执行的强制保障，是"缺牙的"（lack of teeth），而另一广受大家熟知的世界贸易组织（World Trade Organization，WTO），其管理机制的性质则是属于"有牙的"（have teeth）。❶ 事实上，国际劳工组织的工作原则确实带有软性的制度特征。因为国际劳工组织对国际劳工标准的实施缺乏强制措施的保障，主要表现为不具有贸易制裁措施的

---

❶ "lack of teeth"，意思是缺乏监管的约束力；"have teeth"，意思是有约束力。

惩罚性特点，而目前推广国际劳工标准的政策需要依赖各个成员国的自觉性。有了国际组织多边合作机制的平台，获得一国法律制度的保障和政府政策的认可与监督执行是国际劳工标准得以落实的关键因素。❶ 北美自由贸易区下设的《北美劳工合作协定》就是一个以国际贸易组织多边合作机制推行劳工标准的范例。通过签署劳工标准执行法以及工人安全法等，《北美劳工合作协定》成为一个区域性的劳工合作机制，并以此监督最低劳工标准在各成员国的实行情况。在此情况下，国家对部分权利的让渡成为达成国际间劳工合作的基础。

2000 年 3 月，国际劳工局❷依据《国际劳工组织章程》第 33 条（该条规定，如有任何成员国在指定时间内不执行调查委员会的报告或国际法院判决中的建议，理事会可以提请国际劳工大会建议采取其认为明智的和适宜的行动，以保证上述建议得到履行）规定，建议在 2000 年 6 月召开的国际劳工大会上采取行动抵制并解决缅甸的强迫劳动问题。这是国际劳工组织在历史上第一次对违反国际劳工标准的成员国采取较为强硬的措施。这项决定建议国际劳工大会启动多项举措，包括号召国际劳工组织的成员国联合审议同缅甸政府的关系，并采取适当的措施以确保缅甸不能让强迫或强制性劳动成为永久性制度或继续拓展当前的强迫劳动形式。2000 年 6 月国际劳工大会召开时，国际劳工组织决定将 2000 年 11 月 30 日作为由理事会裁决缅甸是否采取了充分、有效的行动执行调查委员会建议的最后期限。该案例显示，国际劳工组织有采取强硬措施保障劳工标准

---

❶　于晶晶. 论国际劳工标准的本质及发展 [J]. 法制与社会，2009（2）：351.

❷　国际劳工局是国际劳工组织的常设工作机构，是国际劳工组织三个主要机构之一，也是国际劳工大会、国际劳工组织理事会、国际劳工组 4 人理事会会议的秘书处。设局长 1 人，副局长和助理局长各 3 人。

在一国得以落实的执行手段，利用国际关系的外部施压是国际劳工组织目前能够迫使一国接受国际劳工标准制约的有效措施。但同时也反映出国际劳工组织的监督机制还不完善，约束力的有效性难以获得严格保障。

总而言之，"强化"国际劳工标准的实施与落实有多种途径，但其本质决定了不可能依靠单一组织和机制来简单推行，没有统一的定量标准，也没有强制执行力和监督约束能力。因此，为了实现国际劳工标准的意义，最重要的是建立和健全劳动立法，促使保护和扶持弱势劳工群体的工作法制化、规范化。在未来的发展中，国家本身依然是促进劳工标准得以落实和发展的主体力量。通过比较在执行层面推行劳工标准的主体如国际组织、国家政府、雇主，并依赖企业自发性的"社会责任"，国内的立法机构更具有国际劳工标准得以落实的执行力和强制力。基于国际劳工标准的国际法本质，借助国际化和本土化的有益结合，对企业社会责任因势利导，并利用多边贸易机制更好地保护本国劳工权利将是大有裨益的补充。

通过国家、企业与雇主间的"三方机制"开展有效协调，得以促使国际劳工组织制定的国际劳工标准被大多数国家政府纳入本国企业社会责任建设的基本准则当中，很多企业也大量采用或支持这些劳工标准的实施。毕马威公司（KPMG）❶ 2011 年针对企业社会责任报告的调查显示：在现有报告所提及的各类标准和守则中，全球契约占 35%，国际劳工组织提倡的国际劳工标准占 19%，而全球契约在劳工标准方面的四项原则是直接参照国际劳工组织相关公约的内容，SA 8000 虽然只占 4%，也直接引用了国际劳工组织的 14 个

---

❶ 毕马威公司自 1993 年开始追踪企业社会责任发展趋势，该公司 2009 年被评为第五届中国优秀企业公民，凸显了毕马威在中国履行企业社会责任方面所做出的努力。

国际劳工标准公约。❶ 因此，从企业社会责任的接纳来源来看，国际劳工组织制定的劳工标准获得的支持率达到了 50% 以上。特别是国际劳工组织制定的 8 项核心劳工标准公约，其内容被大量参考和引用。

对于国际劳工标准的发展前景而言，可预期的乐观方面在于绝大多数国家的民众都会继续受益于劳工标准的提高。然而，在关税及贸易总协定（General Agreement on Tariffs and Trade，GATT）乌拉圭回合结束后依然没有解决的阻碍，以及国际劳工标准在实施中的利益和价值冲突等问题都是十分令人担忧的。在理解国际劳工标准时有两点需要注意：第一，作为一种国际机制的规范，国际劳工标准是相关利益主体长期复杂博弈的一种动态均衡结果，体现了国际领域交织的经济、法律、政治和社会文化关系；第二，国际劳工标准的规范超越了单纯的利益协调，对诸如正义、人性、同理心等价值有很强的依赖性。❷ 因此，国际劳工标准的研究与国际和国内多个领域的价值体系有密切关系，需要综合考察研究。

二、国际劳工标准与国际贸易的关联研究

从国际劳工标准引发的争议和当前学术研究较为集中的切入领域来看，劳工标准问题的研究主要涉及三方面内容：劳工标准与经济贸易；劳工标准与法律保障；劳工标准与社会责任。我们从经济贸易视角研究劳工标准，除了通过数据和实证研究判断劳工标准对

---

❶ 吴杰，邹传瑜. 全球企业社会责任报告：现状与趋势——基于毕马威 2011 年全球企业责任报告的调查［J］. 财会学习，2013（2）：22.

❷ 刘文军，王祎. 国际劳工标准案例评析［M］. 北京：中国劳动社会保障出版社，2009：3.

经济效益产生怎样的影响关系，也可以在全球化的背景下了解劳工标准差异制造的国际关系分歧，WTO 的成员谈判至今仍在围绕国际劳工标准与贸易机制是否挂钩的问题争论不休。国际法的建设也更为关注劳动者的基本保障，致力于全球范围内的法制完善，并且在国际劳工组织的努力下进一步推动劳工标准的实施与制度完善，为国内劳动法制度带来可参考的规范。提倡从社会和企业责任的角度理解劳工标准也是帮助劳工权利受到重视和保障的重要层面，有助于缓解劳资矛盾所带来的社会冲突，能够将劳工问题的解决提升到道义责任层面，成为全球范围内可以被普遍接受的道德规范。

（一）国际劳工标准与经济贸易关联的实证研究

1974—2004 年，有 121 个国家先后展开了经济增长与国际劳工标准之间影响关系的研究。起初，大量文献选择从新古典主义的分析视角对这一问题进行了实证研究。随后越来越多的学者采用跨学科的分析方法或者利用多变量的回归分析模型进一步推进了该项研究。例如，以劳工标准作为模型分析的主要因子，利用动态面板数据来解释能够影响经济增长和劳动标准的决定因素。当采用工伤率、罢工或停工率作为衡量劳工标准的指标时，研究结果表明：拥有较高水平劳工标准的国家也都保持着高速的经济增长。但是有关劳工标准的实证研究也出现了相互矛盾的结果，需要根据选取的变量和国家主体进行更谨慎的分析。下文将分别对已有的劳工标准实证研究予以回顾性的分析。

1. 劳工标准与企业绩效

国外的劳工标准与企业绩效研究以实证研究为主要方法。数据的考察证明劳工标准的指标对贸易条件能够产生深刻影响，具体到产品价格、生产要素价格、收入效益、福利水平和竞争力，等等。王海燕等对企业执行 ETI❶ 的成本进行了研究，发现该项成本只占企业经营支出的 0.1% ~ 1.3%，同时执行 ETI 标准的企业获得了出口率和利润率的提高，效益也好于未执行该标准的企业。还有学者提出，劳工标准的改善和提高能够提升企业的品牌形象，改善发达国家的客户关系，也有利于稳定员工的归属感和增强工作积极性。从这一角度来看，提高劳工标准能带来正面的社会效益，对规避危机、稳定社会及健康发展有益。❷

雷诺（Raynauld）与维达尔（Vidal）的著作以劳工标准对企业竞争力的影响为主要研究目标，主要通过对比发展中国家和发达国家的企业竞争力和劳工标准作为研究视角。❸ 从社会责任角度来看，如果企业承担了维护劳工权利的责任，会给企业带来怎样的影响？为了考察企业接受社会责任会不会影响财政绩效的问题，马戈利斯（Margolis）与沃尔什（Walsh）整理了 1972—2002 年的相关论文，其中至少有 127 篇进行了这一主题的研究，大部分的研究结论发现，企业承担社会责任对其收益是有正向的促进作用的。❹ 企业社会责任被认为是社会改革的有效途径，有助于改善企业与市民的关系，促进企

---

❶ ETI（Ethical Trading Initiative），是英国国际贸易组织针对企业的工作条件提出的道德国际贸易标准。

❷ WANG H Y, RICHARD P APPELBAUM, FRANCESCA DEGIULI et al. , China's New Labour Contract Law: Is China moving towards increased power for workers? [J]. Third World Quarterly, 2009, 30 (3): 485 – 501.

❸ ANDRE RAYNAULD, JEAN PIERRE VIDAL. Labour Standards and International Competitiveness—A Comparative Analysis of Developing and Industrialized Countries [M]. Cheltenham: Edward Elgar Publishing Limited, 1998.

❹ MICHAEL BLOWFIELD, JEDRZEJ GEORGE FRYNAS. Setting new agendas: Critical perspectives on Corporate Social Responsibility in the developing world [J]. International Affairs, 2005, 8 (3): 505.

业对客户的吸引力，也能更好地指导企业的规范行为。

2. 劳工标准与出口贸易

发达国家对劳工标准一直存在"逐次竞争"❶ 的论调，但是至今没有研究证实国际贸易让劳工标准较低的国家刺激其他国家相应降低劳工标准。辛格（Singh）和扎米特（Zammit）认为，不管是否表现出逐次竞争的结果，都不能说明劳工标准的差异是根本原因。❷ 美国学者阿加沃尔（Aggarwal）研究了美国与 10 个主要发展中国家之间的双边贸易对劳工标准的影响。他发现，美国的进口增长率与出口国对核心劳工标准的遵守之间并没有什么实质上的联系；发展中国家的出口导向型企业往往拥有高于其他类型企业的劳工标准，在农业、服务业等出口较少的行业劳工标准往往较低；具有较高劳工标准的发展中国家在美国市场的渗透率不低于劳工标准更低的发展中国家。1996 年 OECD 的研究报告中对核心劳工标准中的自由结社权和集体谈判权进行了重点考察，通过对 78 个 OECD 国家与非 OECD 国家的贸易总量和劳动密集型产品贸易量的分析，发现上述两项权利的落实并没有影响发展中国家的出口。相反，在劳动密集型产品的国际市场占有率中，高劳工标准国家远远高于低劳工标准国家。同年，罗德里克（Rodrik）发现雇佣童工对出口贸易有显著影响，而其他劳工标准的指标则没有明显效果。❸ 马赫（Mah）也采用数据分析对 45 个非 OECD 的发展中国家的贸易行为进行了实证研

❶ 逐次竞争，又称"竞次竞争"，是指因一方降低标准而带来了比较优势，导致其他参与竞争的行为者也不得不选择将自己的标准降到更低程度，以争取在相互竞争中获得有利于自身的比较优势，最终形成了参与者之间竞相降低标准的局面。

❷ 王铂. 经济全球化背景下贸易对我国劳工标准的影响——基于工业部门的面板数据分析 [J]. 商业现代化，2009（9）：15.

❸ D RODRIK. Democracies Pay Higher Wages [J]. Quarterly Journal of Economics，1999，114（3）：707-738.

究，研究结果认为较低的劳工标准对应较高的出口倾向。范比尔斯（Van Beers）对 18 个非 OECD 国家进行了实证考察，使用的指标包括工作时间、最低工资等，发现较高的劳工标准与劳动力的出口和由高技能劳动力生产的资本密集型商品的出口呈负相关的关系。❶ 雷诺与维达尔对 20 个高劳工标准国家和 145 个低劳工标准国家在1970—1993 年的数据进行了时间序列分析，结果发现劳工标准对世界出口市场的份额没有显著影响。❷ 杰瑟普（Jessup）的研究证明，在 1989—1998 年美国从发展中国家的制成品进口下降了，但是低劳工标准国家在美国的进口市场份额有所提升。哈斯纳特（Hasnat）研究了劳工标准对 1995 年 58 个非 OECD 的发展中国家出口情况的影响，发现在 8 个核心劳工标准中只有《组织权利和集体谈判权利公约》对出口具有统计上的显著负面影响，其他公约均不构成影响。❸

综上所述，国外学者的实证研究并没有得出完全一致的结果，影响劳工标准与出口贸易之间关系的因素呈现多元化，但是大部分学者比较赞同的观点是：劳工标准与出口贸易之间并不存在负相关性，但出口贸易额增大对劳工标准的提升确实有积极影响。总之，相关研究证明出口贸易额并不因劳工标准程度低而有更好的表现，意味着单纯降低劳动力成本无法换取出口贸易的利益最大化。

3. 劳工标准与外国直接投资

国外关于外国直接投资（Foreign Direct Investment，FDI）与劳

---

❶ 曾炜. 贸易与劳工标准问题：文献述评［J］. 社科纵横，2007（1）：63.

❷ ANDRE RAYNAULD, JEAN PIERRE VIDAL. Labour Standards and International Competitiveness—A Comparative Analysis of Developing and Industrialized Countries ［M］. Cheltenham：Edward Elgar Publishing Limited，1998.

❸ 同 ❶

工标准之间影响关系的研究存在两种截然相反的观点。一种看法认为，较低的劳工标准是发展中国家招揽外资的直接吸引力所在，从而促使发达国家将投资目标放在发展中国家。罗德里克的研究中提到，低劳工标准国家和地区是外国投资者的热门投资选择地，但是这种倾向隐藏着负面的危机。帕莱（Palley）认为，国家和地区相互争夺 FDI 的最终结果会导致劳工标准每况愈下。另一种观点则认为，劳工标准落后带来的成本差异不至于构成吸引 FDI 的有力工具，恰恰相反，劳工标准低的国家或地区获得 FDI 的规模反而更小。❶

关于劳工标准是否会受到国外 FDI 的影响，阿加沃尔（Aggarwal）的研究显示，美国的对外直接投资分布并没有集中在劳工标准较低的国家或行业。1996 年 OECD 的研究也得出类似结论，认为核心劳工标准不是 OECD 国家决定投资地区的主要选择要素。基于美国科技信息研究所基础科学指标数据库（Essential Science Indicators，ESI）的研究也支持上述结论。雷诺与维达尔也发现，劳工标准对海外直接投资的流向没有显著影响。❷

综上所述，劳工标准的高低并不是吸引 FDI 的重要因素。

4. 最低工资标准

有关最低工资标准，萨尔茨（Seltzer）研究了最低工资的限度对投票倾向性的影响。第一，工资水平低于《公平劳工标准法案》（the Fair Labor Standards Act，FLSA）制定的最低工资标准，劳动需求的弹性将降到最低；第二，最低工资标准法案的实施减少了低工

---

❶ D RODRIK. Democracies Pay Higher Wages [J]. Quarterly Journal of Economics，1999，114（3）：707 – 738.

❷ ANDRE RAYNAULD，JEAN PIERRE VIDAL. Labour Standards and International Competitiveness—A Comparative Analysis of Developing and Industrialized Countries [M]. Cheltenham：Edward Elgar Publishing Limited，1998.

资企业的收益；第三，实施最低工资标准将提高与低工资企业有直接竞争关系的企业收益。从第一点来看，在美国，无论南方和北方，都会支持 FLSA；出于第二点考虑，大部分南方低工资企业将选择反对 FLSA；同时，第三点意味着北方企业会支持 FLSA。

弗莱克（Fleck）反对实施《公平劳工标准法案》，原因在于该法案的制定受到地区政治派别的影响，尤其是美国南方的政治集团，低收入者并不支持 FLSA，然而他们在南方是比较分散的，没有形成聚集力量，因此难以抵制政治性的决策。萨尔茨参考弗莱克论文中的经济数据，经过分析所得到的观点是，美国南部的政治集团对国会的政策投票结果并不构成影响。

然而，弗莱克对此结论进行了反驳，认为萨尔茨的研究假设并不成立。第一个假设是，企业收益和制造业与产出之间的关系这两个变量界定了南方政治力量体系；第二个假设是南方政治集团影响制造业与企业收益的关系，让两者的关联更为紧密。因为并无理论能够解释上述假设成立，也没有确切的数据证明假设，因此他认为萨尔茨的结论并不正确。

由于萨尔茨与弗莱克对最低工资和劳工标准的研究争议集中在美国的政治集团影响方面，没有办法适用于判断其他国家和地区的劳工标准对最低工资的影响，但是至少为今后的研究提供了值得参考的切入点。劳工标准研究需要参考的影响变量涉及经济因素、政治因素和文化价值因素等，因此利用经济数据证明劳工标准效益的研究方法仅属于一个方面，也应该重视与之相互补的理论研究，包括基于特殊国别、政治与社会文化、教育水平等背景下的劳工标准研究。●

● ANDREW J SELTZER. Democratic Opposition to the Fair Labor Standards Act: A Comment on Fleck [J]. Journal of Economic History, 2004, 64 (1): 226 - 230.

（二）国际劳工标准与贸易挂钩的理论辩驳

对待劳工标准和贸易是否应当关联的问题存在着相互反驳的两种立场。第一种立场赞成从法律层面确认劳工标准与贸易之间的联系，主要以欧美发达国家为代表。第二种立场则认为不应该将一国的劳工标准与贸易挂钩，这一观点的拥护者主要由经济学者和欠发达国家组成。虽然一部分实证研究的结果能够证明高水平的劳工标准能够为国家经济发展带来更多收益，然而同样也有研究结论证明如果一国坚持低劳工标准会拉低其他国家的劳工标准。因此，对于是否应当在国际范围内协调劳工标准存在着不同的观点争议。

支持将核心劳工标准与 WTO 挂钩的一种主流看法是，如果允许劳工标准被设定在很低的水平，就为不合理的恶性竞争制造了机会，甚至可能将全世界的劳工标准拖入"逐次竞争"的恶性循环。威尔（Will）与基斯（Keith）的文章中指出，如果只是在出口生产企业发生工人待遇的不公平，就业率、生产数量和企业的竞争力都会出现下降趋势，这是由市场机制决定的；如果由于企业雇主滥用在市场机制中的主导权，压榨工人待遇，也会造成企业竞争力的下降。❶ 只有当给予工人自由结社和参与集体谈判的权利时，也许其他劳工标准处于较低水平不影响提高企业竞争力。然而，如果产品市场是竞争性的，那么允许工人自由结社有助于提高产量和生产效率，企业竞争力自然也就得到了提高。这种降低劳工标准能影响竞争力的看法有可能被贸易保护主义者利用来伪装自己的意图，也或许能解释关于劳工标准的争论看法。

---

❶ WILL MARTIN, KEITH E MASKUS. Core Labor Standards and Competitiveness：Implications for Global Trade Policy [J]. Review of International Economics，2001，9（2）：317.

反对将劳工标准与贸易关联的观点认为，劳工标准问题是一个经济与社会发展的问题，不是一个贸易问题，它是由社会发展阶段和市场规律决定的，非人为因素可以改变，将劳工标准作为限制国际贸易的手段，是违背多边自由贸易公平原则的。❶也有一些不看好国际劳工组织存在意义的观点，认为国际劳工标准目前的困境实际上正是来自国际劳工组织自身的体制缺陷。作为一个国际机构，国际劳工组织不得不给予成员国决定是否批准采纳劳工公约的自决权，但这实际上就将国际劳工组织变成了一个国际劳工政策的建议机构，缺乏执行力和监督权，成员国只要不批准公约和建议书，国际劳工组织也就无计可施。❷

从经济学原理上来看，最能清晰解释不需要将提高劳工标准作为公平贸易的条件，主要依据是李嘉图的比较优势理论。而且以长期规划来考虑，即使某一国的经济发展模式发生转变，也难以撼动整个国际市场的资源分配。因此，如果采取贸易限制强迫发展中国家提高劳动力成本，将破坏比较优势理论的平衡互动关系，不利于国际贸易的稳定。

从法律原理上来看，劳工标准的制定没有将生产力水平和生产效率的差异纳入考虑范围。实际上，如果结合工人的生产力和效率因素考察劳动力真实的成本，会发现发达国家与发展中国家在劳工标准上的差异缩小了。劳工标准很难用一种普适的原则在全球范围内统一实现，因为总会有国家被拖入不匹配的标准之中，至少会有一两个国家受害严重。也曾有建议提出设立一种补偿机制，对参与

---

❶ 王学秀. 劳工标准之争——WTO 劳工标准与国际贸易问题 [J]. 国际贸易，1997 (3)：44.

❷ 董保华，邱婕. 社会条款、国际劳工标准与中国劳动法制建设思考 [M] //石美遐，编著. 全球化背景下的国际劳工标准与劳动法研究. 北京：中国劳动社会保障出版社，2005：109.

集体行为付出最多代价的成员给予补偿，希望以此来维系相对一致的标准。然而，实践结果却是几乎没有成员愿意履行支付补偿的责任。制定适合某一国家的最低劳工标准确实有助于维护其国内劳动力市场的秩序，但从国际视角考虑，并没有理由强制世界所有国家实行统一的国际劳工标准。

从政治角度来看，以政府决策为导向的劳工标准容易发生扭曲而偏离经济目标，例如在实施程序中增加了政府管理成本。政府执行力提升了工人的工资和福利待遇，但也带动了产品的价格上涨，导致产品需求量的下降。将收益更多地分发给劳动者，势必减少企业的回收资本，企业进行利润再投资的能力就大大削弱，也很可能选择裁员，造成就业率的下降。任何一种情况都是对经济发展的严重阻碍，因此政府在考虑提高劳工标准时都必须相当谨慎。如果将工人的福利待遇作为政府支出的一部分来看，尽管国家之间的收入水平存在差异，但是出于相对收益最大化的原则，只要本国支付的工人待遇在财政总支出中所占比例少于其他国家，就意味着本国享有劳动力的成本优势。国家选择实施何种水平的劳工标准属于内政问题，在国际范围不受任何权力机构干涉。

最后，政治因素能够影响一国贸易政策的制定，从而也影响到该国的经济发展绩效，这种影响关系的研究一直是国际贸易领域的热门课题，另外也为国际政治领域的研究提供了从经济贸易视角理解政治交往与国际关系的分析立足点。赫克歇尔—俄林要素禀赋模型❶，是目前西方用以解释国际贸易模式的成熟贸易理论之一，主要适用于分析发达国家与发展中国家之间的贸易模式。需要强调的是，该理论的前提是，参与自由贸易中的所有国家都不会受损。然而，

---

❶ 由瑞典经济学家赫克歇尔（Eli Heckscher）和其学生俄林（Bertil Ohlin）提出，又称资源禀赋理论，简称 H－O 理论或 H－O 模型。

现实的经济现象已经证明，自由贸易政策的最优仅在经济学的理论层面可行，还必须考虑其他因素的影响。实际上，劳工标准不属于贸易的组成要素。坚持传统理念的国际贸易理论学家指出，劳动者是生产力的影响要素，参与国际贸易的不同国家因劳动力差异而存在不同的绝对优势和相对优势，但是不能忽视因为贸易竞争造成的对国内资源分配的影响。不只是传统贸易理论，现代贸易理论也更为关注国内企业的竞争力，而不是国家的劳工标准政策。WTO 赞成由国际劳工组织承担有关劳工标准问题的职责，实际上明确了自身在贸易规则方面的责任，区分了贸易与国际劳工标准的管理范围。❶因此，政治经济学的研究逐渐显现出更为现实的意义。

（三）观点总结

劳工标准的影响具有溢出效应，即调整一国的劳工标准会通过在国际贸易要素上的条件改变而影响到其贸易伙伴国。需要强调的是，与进口或出口贸易关联紧密的劳工标准发生改变时溢出效应最为明显。布朗（Brown）等的研究回应了上述发现，此外，他们还研究了劳工标准的其他要素和对社会福利的影响。❷

高劳工标准对 FDI 的吸引力有提高作用，尽管统计数据显示这种影响作用是微小的，但至少证明高劳工标准对吸引外资没有负面影响。❸

劳工标准对出口贸易有影响，但是与国家的强弱大小无关，这是与常规贸易理论不相符的。虽然美国和加拿大都签署了北美自由

---

❶　参见世界贸易组织（WTO）《1996 年世界贸易报告》。

❷　SAMY YIAGADEESEN. Trade and Labor Standards： A Theoretical and Empirical Analysis of the Linkages ［D］. Canada： Economics of the University of Ottawa, 2003： 51.

❸　SAMY YIAGADEESEN. Trade and Labor Standards： A Theoretical and Empirical Analysis of the Linkages ［D］. Canada： Economics of the University of Ottawa, 2003： 84 – 85.

贸易协定，但两国仍会坚持不同的劳工管理政策。两国的社会保障支出程度不同，GDP 不同，批准的国际劳工标准公约也不同，证明了不同国家可以有不同程度的劳工标准实践。另外，劳工标准如果相对较低，对于出口贸易是否有促进作用，也并未得到证实。

企业社会责任有助于促进劳工标准的落实。在法律体系较完善的国家，有很多人支持对雇佣童工采取强制性的法律惩处，然而仍然存在很多难以用法律约束的现象。❶ 因此，从社会责任角度由企业承担一部分维护劳工权利的责任是更好的保障。为了发掘劳工标准和企业社会责任之间关系对本书的理论意义，有四个研究方向更值得关注：企业社会责任对发展中国家和发达国家的不同意义；如何处理企业社会责任与全球治理的关系；如何看待企业社会责任在国家和全球范围内实施效力的局限性；企业社会责任在商业案例中适用的影响效果。

国内对劳工标准问题的研究直至近十年才出现得较为频繁，从最初的介绍性文献到分析劳工标准对国内对外贸易的影响、对劳动法建设的影响，再到对社会文化教育及就业问题的影响，体现了国内对劳工标准问题的重视程度逐渐提升，关注角度和深度也在不断扩展。杜晓郁所著的《全球化背景下的国际劳工标准分析》，从发达国家与发展中国家对待国际劳工标准的分歧出发，揭示其深层次的矛盾根源，并客观分析了全球化背景下如何正确评价国际劳工标准的问题。

----

❶ ALAN B KRUEGER. Observations on International Labor Standards and Trade［EB/OL］. (2000－05－08)［2011－06－12］. https：//papers. ssrn. com/sol3/papers. cfm? abstract_id＝3201.

三、国际劳工标准的管理范式

法律范式是最基本也最为常见的管理途径，通过颁布有关法律、法规等内容来实施管理。国际劳工组织和欧洲共同体均采用法律范式。此外还有三种范式，包括经济制裁、多边协商和自发式管理。美国对待劳工标准问题时一般采用直接性的贸易制裁手段，属于经济制裁范式。《北美自由贸易协定》中由工人联合签署了一份协议，其中允许在处理劳工标准争议时进行多边力量的协商，即多边治理范式。自发性范式是指在实施劳工标准时遭遇政治力量施压的情况下所作出的适应性调整。本小节主要探讨国际范围对劳工标准的法律管理范式。

（一）国际劳工组织的管理范式

国际劳工组织实现其推广劳工标准的主要管理模式是基于有自主权的独立国家自愿采纳国际劳工标准的任何公约或建议书的形式。国际劳工组织一般采取宣传、谴责或施加舆论道德压力的方式向所有国家推广劳工标准，就目前的成果而言是成功的，尤其是提供了一个国际性的沟通空间，可以与各国展开意见交流并促进对国际劳工标准的理解，不会使有关劳工标准问题的矛盾争议激化到实施严厉制裁的程度。然而，唯有成员国的自愿性才能确保劳工标准在所有国家获得长久和切实的维护。缺乏权力制约是国际劳工组织实施管理时面临的难点之一，无法确保某一国是否会违背公约和建议书的内容规范。而且，劳工标准的实施范畴在成员国之间存在差别，各国有权选择适合本国发展条件和社会人文环境的劳工标准，国际劳工组织的工作目标也一直将劳工标准的监督和落实放在重要位置，在出台更为完善的监督管理机制之前仍需要所有成员国的积极配合，依赖于国家的国内力量承担责任并维系法律范式的有效管理。

国际劳工组织倡导的"三方协商"机制是给工人代表或工会组织、雇主及政府提供一个可以表达意见并进行沟通的问题解决途径。与欧洲共同体不同，国际劳工组织的成员国占据了全球更广泛的地区，国家经济发展的程度也存在更大差异。除此之外，国际劳工组织不同于欧洲共同体的另一个特征是表现在工作职能方面更专注于劳工领域。直至今日国际劳工组织已经建立起在全球领域广受认可的国际劳工标准推广模式，以法律范式管理国际劳工标准是国际劳工组织承担自身责任的主要途径。

（二） 欧洲共同体的管理范式

欧洲共同体❶（The European Community，EC）（以下简称"欧共体"）是由多个政府结成法律体系关系的行为机构。1957 年通过《罗马条约》，1965 年通过《布鲁塞尔条约》，1997 年通过《阿姆斯特丹条约》，在这些条约成立的基础上实现了欧共体成员国的经济一体化。之后，欧共体经过欧共体委员会的先行内部程序，获得欧共体理事会的支持以及欧洲议会的默认许可，最终获得了颁布法例条令的权限，欧共体有权要求所有成员国遵守。

实际上，欧共体已经颁布的诸多法令中很少有涉及关于劳工方面的社会政策。施普林格（Springer）认为社会政策对雇佣关系的管

---

❶ 1951 年 4 月，法国、联邦德国、意大利、荷兰、比利时和卢森堡在巴黎签订建立欧洲煤钢共同体条约；1957 年 3 月，六国在罗马签订建立欧洲经济共同体条约和欧洲原子能共同体条约，统称《罗马条约》。1965 年 4 月，六国又签订了《布鲁塞尔条约》，决定将三个共同体的机构合并，统称欧洲共同体。《布鲁塞尔条约》于 1967 年 7 月 1 日生效，欧洲共同体正式成立。2009 年 12 月生效的《里斯本条约》废止了"欧洲共同体"，其地位和职权由欧盟承接。

理一般体现在以下三个领域：支持劳动力的自由流通；抵制利用廉价劳动力实施社会倾销；维护劳工与管理者的对话协商。然而，在欧共体内部难以达成对劳工政策领域的一致意见。取消对劳动力自由流通的限制是比较统一的观点，但是在有关健康和安全方面的规范就难以设定标准。为了确保欧共体范围内工人的健康得到保障，同时要尽可能防范任何一个成员国利用提供给工人较低的安全与健康条件而获取成本上的竞争优势，欧共体在管理劳工市场时保留了严格限制有关工人健康与安全的标准。另外，非全职员工的待遇却没有被列入劳工标准的保护范围。单从劳工政策的实施对象来看，工人与雇主之间的利益存在矛盾，再考虑欧共体内部每个国家个体，也会因为劳工标准的限制产生差异对待的成效而激化内部矛盾。自20世纪80年代末至90年代中期，英国同欧洲一些商业集团一直致力于联合起来，共同抵制欧共体出台的要求给予工人代表参与谈判权利的法律条令。

　　欧共体内部有成员国支持制定统一劳工标准的决策机制，提议扫清在社会政策立法程序中的阻碍，他们利用自身在欧共体的权限采取了一定的施压手段。《马斯特里赫特》条约的签署促成了欧洲议会特定多数❶的一致意见，通过了有关保障工人的健康与安全、禁止歧视和允许工人参与协商的立法议案。而对于其他产生更为激烈争议的议案，包括设立工人代表制度、提供特殊工人待遇和制定解雇员工的规范程序等，都必须获得欧洲议会全体投票通过才能得以实施。因为，任何一国的反对意见将会导致议案被否决，这种严格的否决机制是欧共体决策机制的本质特征决定的。

　　欧共体在立法程序方面体现了协调多个国家意见的结构性特征，

---

　　❶　根据欧洲议会的程序性原则，"特定多数"是指获得议会成员超过70%的投票支持率。

但是即便存在协调机制，并不代表能够真正落实具体政策，对制定何种程度的国际劳工标准就陷入了持续争论中。依据欧共体的内部协调原则，出台基本政策需要参考最低适用条件，即根据成员国中能实施的最低标准制定具体政策，同时要确保政策目标着眼于超国家的整体利益范畴，而不是仅满足某些国家个体的需要。此外，成员国对直接干涉属于本国政府职责范畴内劳工与社会问题的欧共体议案有否决权。

（三）西方工会组织的管理范式

西方国家的工会组织在处理劳工问题的工作方面经验相对丰富，发展历程较长，许多工会组织还结成了跨国联盟。具体体现在以下几个方面。

首先是思想观念的转变。长期以来，工会一直将制造业中长期稳定工作的全日制工人视为基础会员，对其他类型的劳动群体不够重视。对于移民工人和非全日制工人的出现，工会还一度认为他们的廉价劳动损害了工会会员的利益，对他们采取排斥甚至敌对的态度。许多工会组织在社会实践中越来越认识到，尽管各种劳动群体有着不同的具体利益诉求，但是他们都遭受资产阶级的剥削，所有劳动者都是工人阶级的组织部分，资本家也正是利用不同工人群体的存在，制造工人队伍内部的竞争，试图削弱工人的团结性和战斗力。因而各类工人群体只有联合起来才能有力对抗资本的进攻。正是基于这种认识，工会提出了要面向工人阶级全体成员服务的主张，采取维护全体劳动者切身利益的实际行动。

其次是把弱势劳工群体组织起来。许多工会开始认真制订规划，抽调力量，到弱势劳工群体集中的工作现场去，通过深入细致的宣传工作以及组织各种与他们的物质利益和精神利益有关的活动，吸引广大劳动者加入工会。在工会的组织形式方面，采取了适应不同群体的灵活多样的形式，比如针对非全日制工人工作地点分散、流动性大的特点，按工人居住地或企业所在地组织工会，超越产业和行业的界限吸收工人参加；工会内部建立移民工人专业委员会等，以便根据不同类型工人的需求更好地维护他们的具体利益；有的还针对那些由于种种原因而暂时不愿入会的工人，采取准会员的方式，在条件成熟时再吸纳他们入会。

最后，切实维护弱势劳工群体的特殊利益，尽可能提供他们需要的服务。许多工会在集体谈判和工人参与中，充分注意各类不同弱势劳工群体的特殊利益，诸如反对性别歧视、争取平等的就业机会和报酬，对其特殊利益予以保护。例如，西班牙等一些工会组织成立移民工人服务中心，帮助移民工人及其家属办理工作证、居留证，组织家庭团聚活动，组织他们参加职业培训、语言学习、情况介绍以及多种增加相互了解的文化活动。

四、国际劳工组织致力于推广"体面劳动"

（一）"体面劳动"概念的提出

虽然近年来亚太地区的经济发展迅猛有目共睹，中国国内生产总值的年均增长率超过 6%，但是相比经济水平的提升，国内劳动力市场能够创造的就业机会和工作质量都难以满足社会的需要。亚洲地区各个国家都面临着同样的劳动就业问题，国际劳工组织尤其关注亚洲地区从事低生产率工作的劳动者能否获得体面的生活保障，就此提出了"体面劳动"的新概念。

1999 年 6 月，时任国际劳工局局长胡安·索马维亚（Juan

Somavia）在第 87 届国际劳工大会上第一次提出"体面劳动"（Decent Work）的概念。他指出，"在经济全球化时代，国际社会应赋予经济'人道的面孔'"。体面劳动，是指在公平、自由、安全、拥有尊严的前提下，让所有的人，不论性别，都有更多的机会能够获取体面的、生产性的工作。❶ 体面劳动意味着劳动者的权利受到保护、获得足够的收入并拥有广泛的就业渠道。工作中的权利、就业、社会保护和社会对话是体面劳动的四项战略目标。❷ 正如《费城宣言》所述，国际劳工组织的责任包括进一步推动实现旨在"使工人受雇于他们能够最充分地发挥其技能与成就，并得以对共同福利做出最大贡献的职业"。该宣言还重申"自由和尊严、经济保障和机会均等"的权利是每个人都应该享有的基本权利，并强调确保"将社会进步的成果公平分配给所有人"是有重要意义的工作准则。国际劳工组织将此作为体面劳动的基础。

国际劳工组织将体面劳动作为自己的重要使命，专门制定了《体面劳动议程》，旨在改善全球劳动者的经济和工作条件，使所有工人、雇主和政府享有持久和平、繁荣和进步。《体面劳动议程》明确了推广体面劳动的四大战略目标：一是制定和促进劳工标准及工作中基本原则和权利；二是为女性和男性获得体面就业和收入创造更多机会；三是扩大全民社会保护覆盖面并提高社会保护有效性；四是加强三方合作和社会对话。其中，三方合作和社会对话是国际劳工组织工作的基础，三方是指政府、雇主组织和工人组织，三方间的紧密合作对于促进社会和经济进步具有重要意义。国际劳工组织旨在通过将政府、雇主和工人汇聚一堂，制定符合国别的劳工标准，设计政策并拟订相应的体面劳动计划，以确保维护所有劳动者

---

❶ 田宁宁，章守明等. 体面劳动文献综述［J］. 经济与管理，2017（1）：106－109.

❷ 沈佩翔. 体面劳动研究文献综述［J］. 高校社科动态，2016（4）：13－17.

的需求。国际劳工组织促进政府工会和雇主就制定和酌情实施关于社会、经济等诸多方面的国家政策开展社会对话，以此在其三方成员间鼓励三方合作。❶

国际劳工组织认为体面劳动可以在发达国家和发展中国家之间建立起广泛而共同的基础。在世界上，有雇员，有自营者，有失业人员，也有非常幸运的终身职业者，而重点便是如何建立起符合他们各方利益的一种机制。体面劳动的观念不仅要求创造就业，还要求消除贫困。在国际社会范畴，体面劳动是一种对全世界公民都有意义的价值观引领，正是在这个层面上，国际劳工组织希望进一步发挥比 20 世纪 90 年代倡导"基本原则"时更重大的作用。

（二）"体面劳动"理念的科学内涵

"体面劳动"一词的英文是"decent work"，"decent"有"得体""公平""恰当"之意，体面劳动意味着从事有尊严、公平的、合适的工作，这样的劳动状态是相当好的。在《现代汉语词典》中，对"体面"的解释有三层含义，一是体统、身份；二是光荣、光彩；三是形容好看、美丽。因此，体面劳动也表达了一种引以为荣的感受，人们通过劳动获得了成就感和荣耀感。当劳动成为人类的理性活动，成为有目的的经济行为，体面劳动就是人们能够换取合理的收入，在得体的工作环境中创造劳动成果，感受自我价值体现的过程。在社会劳动关系中，劳动者能够获得体面劳动是基本需求，社会也要创造出适合劳动者的体面劳动环境，包括提供充分的、公平的就业机会，良好的工作环境，合理的福利待遇等。所以，体面劳动是双向的，有益于维系社会和谐的劳动关系，促进经济的健康

---

❶　国际劳工组织简介［EB/OL］.［2020 - 04 - 19］. https：//www. ilo. org/wcmsp5/groups/public/ - ed_norm/ - relconf/documents/meetingdocument/wcms_654201. pdf.

发展。

体面劳动是有人格尊严的劳动。它是一种全新的劳动形态，是人类文明进步的又一标识，它的伦理意蕴在于给予劳动者人格上的尊重，使劳动者在劳动中确证自己的自由存在本质，感受生命的价值和意义。体面劳动关注人本身，促进人的全面发展，是人类迄今为止最为进步的劳动形态。马克思在《青年在选择职业时的考虑》一文中表示，如果条件允许，我们应该选择使自己最有尊严的职业，"在从事这种职业时我们不是作为奴隶般的工具，而是在自己的领域内独立地进行创造"。很显然，现代社会的生产力发展，已经为我们创造了一定条件。体面劳动就是这样的一种自主劳动形态，劳动者可以体现意志、实践愿望、实现人格。体面劳动最大的特点在于劳动者的尊严性。

劳动是人的本质，人在劳动中满足自己的需要。人是主体，是积极的、能动的，人要在劳动中肯定自己。人在劳动中展现自己的能力，体现自己的意志。劳动是人的本质得以确证和实现的力量。受雇于自己，是体面劳动的价值旨归。黑格尔指出："个人劳动时，既是为他自己劳动也是为一切人劳动。""享受劳动"，不只是享受劳动的结果，还包括享受劳动的过程。体面劳动强调劳动果实的丰盈，更强调劳动过程的愉悦。因此，一定意义上，体面劳动逐步实现着人自身的目的及价值。

五、中国体面劳动国别计划

（一）国际劳工组织与中国

中国是国际劳工组织的创始成员国之一。北洋政府于 1919 年签署了《圣日耳曼和约》，成为国际联盟的创始成员国，同时也成为国际劳工组织的创始成员国。1927 年南京国民政府成立后，积极参加国际劳工大会，批准并实施了 14 个国际劳工公约。1971 年 10 月，联合国恢复中华人民共和国合法席位后，随之国际劳工组织理事会也于同年 11 月恢复了中华人民共和国的席位，但中国没有参加该组织的活动。1983 年 6 月，中国派出三方代表团（政府、中国企业联合会和中华全国总工会）出席国际劳工大会，恢复了中国在国际劳工组织的活动和国际劳工组织理事会常任理事国的席位。

中国主要以两种方式将国际劳动标准纳入中国劳动关系的治理结构中。其一，中国批准的国际劳工公约，通常在生效时起被纳入国内法，由行政机关和司法机关予以适用。其二，无论对已批准还是未批准的国际劳工标准，中国均可运用立法的程序将其引入本国法律中，实现国内法与部分国际劳工标准的接轨。截至 2017 年 12 月，在国际劳工组织已通过的 190 个公约中，中国批准了其中的 26 个（其中有 20 项是关于技术性公约，2 项是关于"就业"与"三方协商"的治理性公约），占公约总数的 13.7%；8 个核心劳工公约中，中国批准了其中 4 个，占总数的一半（参见附录）。

（二）体面劳动理念促进中国劳动就业发展

目前，中国已经成为世界第二大经济体，全国人口超过了 14 亿，劳动力人口约占据全球四分之一。过去四十年，中国在解决脱贫问题方面取得了举世瞩目的成就，帮助 7 亿人脱离了贫困标准。为协同国际组织应对全球层面的挑战，中国意识到有责任引领新的发展，这很大程度上与国际劳工组织在核心工作领域及推广体面劳动议程方面的努力不谋而合。面对气候、技术、经济和人口变化等多方面的转型需要，全国人大于 2016 年 3 月通过的"十三五"规划纲要倡导创新、协调、绿色、开发、共享的发展理念，并强调了六个领域。一是在经济领域保持中高速增长，促进中高端产业发展；二是强调创新是发展的驱动力，要大力促进创新；三是提出加强促进城乡、区域的均衡发展，以消费促进经济增长，促进新型城镇化和农业现代化，促进资源的全球配置；四是继续提高人民生活水平，让人人有机会享受发展成果；五是鼓励绿色的工作和生活方式，努力保护生态环境；六是深化改革，改善经济环境，建立现代物权制，促进政府法治化。在体面劳动方面，为实现消除绝对贫困的长期改革目标，中国正在改善劳动力市场政策、扩大社会保护、构建和谐劳动关系，期待成为更现代化、更高收入的市场经济体。作为全球经济参与者，中国坚定倡导包容性增长和人人享有体面劳动，尤其是在 G20、金砖国家峰会以及联合国可持续发展峰会等场合都表达了对体面劳动的重视。

2001 年，国际劳工组织和我国劳动和社会保障部签署了合作谅解备忘录，明确将推动体面劳动作为优先合作领域。自 2006 年起，国际劳工组织与中国劳动关系的三方达成了三个体面工作国家计划（由国际劳工组织对中国提供技术援助）。国际劳工组织也在世界各地的发展合作计划中，开始推介中国在就业服务和其他领域的经验与方法。正如中国时任常驻联合国代表马朝旭大使在 2019 年联合国大会纪念国际劳工组织成立一百周年高级别会议上发言时所说，近年来中国的人力资源和社会保障事业取得了显著成就，这不仅在中国有效地保障和改善了民生，而且在促进全球生产性就业、扩大基本社会保护、提高劳动收入占比、减少不平等和实现体面劳动方面，也提供了中国方案，做出了中国贡献。马朝旭表示，中国将继续致力于为推动全球范围内的体面劳动和社会正义贡献中国智慧，积极投身国际劳工组织新的百年征程。❶ 2007 年 4 月，劳动和社会保障部、中华全国总工会、中国企业联合会与国际劳工组织北京局签署了"体面劳动与中国国别计划"。2008 年 1 月，"经济全球化与工会"国际论坛召开，论坛的主题是"可持续发展、体面劳动和工会的作用"。论坛传达出一种精神，让各国广大劳动者实现体面劳动，是以人为本的要求，是时代精神的体现，也是尊重劳动、尊重就业的重要内容。体面劳动意味着劳动者的劳动条件、劳动收入、劳动保障、生活质量等得到改善，让广大劳动者更多地分享经济社会发展的成果。❷ 实现中国劳动者的"体面劳动"已成为我国未来构建社会主义和谐劳动关系的重点。

2015 年，中国与国际劳工组织北京局通过第八次备忘录建立了战略伙伴关系，促使发展伙伴关系进一步扩大。中国将继续作为国际劳工组织南南合作伙伴和三角形合作伙伴，与国际劳工组织的合作伙伴关系国家分享经验。现今，这一战略伙伴关系覆盖很多领域，随着可持续发展目标的展开而扩大。合作领域着重于国际劳工标准以及促进工作中的基本原则和权利，就业质量和数量，社会保护和社会对话。国际劳工组织也将扩大地域范畴，比如通过东南亚国家联盟和"一带一路"倡议相关的国家将筹资多元化，用于直接信托基金和公共私营伙伴关系。通过与国际劳工组织的伙伴关系也将探索改善中国品牌在全球供应链的合规治理。中国和国际劳工组织将通过协作，共同促进扩展有关劳动力市场政策和体面劳动方法论方面的研究能力。中国和国际劳工组织都把提高就业质量、解决就业问题放在《2030 年可持续

---

❶ 林燕玲. 国际劳工组织的历史贡献及其对中国劳动社会保障法制建设的影响 [J]. 中国劳动关系学院学报，2019，33（6）：15.

❷ 周建群. 实现体面劳动的路径选择——基于马克思劳动价值论的视角 [J]. 福建师范大学学报（哲学社会科学版），2010（6）：1.

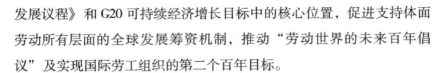

发展议程》和 G20 可持续经济增长目标中的核心位置，促进支持体面劳动所有层面的全球发展筹资机制，推动"劳动世界的未来百年倡议"及实现国际劳工组织的第二个百年目标。

《中国体面劳动国别计划（2016—2020）》由国际劳工组织中国局和蒙古局联合起草，通过与中国人力资源和社会保障部、中华全国总工会、中国企业联合会、国家安全生产监督管理总局的密切磋商，获得了各方认可。体面劳动国别计划反映了国际劳工组织支持中国综合推进实现就业与社会保障、社会对话等相互依赖、相互联系又相互促进的体面劳动，从而实现中国和全球拥有更多体面就业的预期结果。"十三五"规划制定了全面建成小康社会的宏伟目标，并对促进高质量就业，在劳动力市场治理中加强工作中的基本原则和权利，促进平等和人人享有社会保护，倡导绿色经济，以及加强中国在国际舞台的参与程度等方面有所阐述，与体面劳动的倡导理念相辅相成。国际劳工组织愿与中国同心协力坚持不懈地促进实现中国和全球体面劳动议程（DWA）中的共同目标。

（三）中国体面劳动国别计划中的建设重点

《中国体面劳动国别计划（2016—2020）》主要从三个方面强调了国家建设体面劳动的重点方向。

一是提高就业数量和质量。包括：加强政府和社会伙伴评估及量化就业质量标准的能力，促进体面劳动和可持续发展；加强政府和社会伙伴制定和实施包容性和促进性别平等的就业政策干预措施的能力，以期促进就业的自由选择和生产性就业；使农村转移劳动力及青年男女获得更多以权利为基础的就业服务，改善服务质量，以期持续减少未就业及未接受教育或培训的青年人的比例。

　　二是倡导和扩大工作场所内外的社会保护。一方面，需要政府和社会伙伴通过实现普遍和充分的社会保护，采取措施消除各种形式的贫困。另一方面，通过加强劳动监察和预防性的职业安全与卫生文化，依据中国法律法规和国际劳工标准，改善工作场所用工规范，进一步保护所有工人的劳动权利，促进安全的、有保障的工作环境。

　　三是加强法治。通过中国国内法律规范和国际劳工标准保障工作中的基本原则和权利。一是加强劳动双方的协商，为劳动者提供处理劳动关系的相应的机制保障。二是加强劳动者和雇主组织作为劳动力市场调节机制的能力，确保各层级以积极有效、包容的方式参与决策过程。三是在国内和国际层面继续加强法治建设，在企业、社会的协同支持下，根据中国国情批准并更好地实施国际劳工标准。❶

---

　　❶　中国体面劳动国别计划（2016—2020）［R/OL］.［2020 – 04 – 19］. https：// www. ilo. org/wcmsp5/groups/public/ – asia/ – ro – bangkok/ – ilo – beijing/documents/ publication/wcms_143277. pdf.

第四章
体面劳动的理论根基

一、新自由主义与劳动关系发展

新自由主义（Neo – liberalism）又称社会自由主义、新政自由主义，或福利自由主义，是现代资产阶级意识形态的一个主要派别，同时也是西方福利国家制定政策的重要理论依据。它发端于 19 世纪 70 年代，基本理念是主张在新的历史时期维护资产阶级社会的个人自由，调节社会矛盾，维护资本主义制度。其学说在经济上采用凯恩斯的供给方经济学，强调政府干预；从社会哲学的思想方面来看，它看重公平多于效率，主张发展福利主义和社会规划。新自由主义总是与高税收相联系，并且较关注平民百姓的利益。随着新自由主义在欧洲大陆国家广泛兴起，其对西方政治思想和政治行为的影响都在不断扩大。至 20 世纪初，英国的国家政策已经受到新自由主义思想的主导；美国在罗斯福新政之后的政治理念也有所转化，结合更为早期的带有社会主义色彩的福利自由主义，又经历了体系化的发展之后，就演变成为了新自由主义。第二次世界大战之后的新自由主义运动常与工人阶级运动、工会运动联系在一起，为工人伸张平等和自由的社会生活权利，主要代表人物有托马斯·格林和伦纳德·霍布豪斯等。

新自由主义的思想内容主要包括以下四个方面。

第一，经济理论方面。宣扬自由化、私有化、市场化，是自由主义思想的进一步深化。新自由主义的信念在于自由是一切行为的效率前提，"若要让社会裹足不前，最有效的办法莫过于给所有人都强加一个标准"。除了自由化是保障经济效率的基础之外，只有私有制才能让"个人以独立、专属的身份来决定自己要做的事情"，并以此为推动经济发展的动力。而市场化就是从事经济行为的必要条件，国家需要维护稳定有序的市场，让各类资源得以在市场内进行有效的调配和利用。因此，以上"三化"成为新自由主义者制定经济政策的基本主张，是对自由主义思想的具体实践和提升。

第二，政治理论方面。否定公有制，主张国家政府的适当干预和监督，即国家干预的目的在于确保足够的自由。几乎所有的新自由主义者都一致地认同"绝对不能实行公有制，因为，当集体化的范围扩大到一定程度之后，生产率会受到负面影响而让经济状况变得更糟"。新自由主义者反对国家的强权和对经济的直接干预行为，但主张在为了避免损害经济效率的市场自由的前提下实施有限干预。

第三，社会理论方面。主张政府为了保护公民，使之避免经济体系中某些时候的不公平。新自由主义者对社会分配的主张是在工资和工作时间方面立法，组织工会的权利，提供失业与健康保险，为所有人改善受教育的机会，等等。首先，新自由主义者信奉机会平等，认为国家应该为公民提供一个起跑点。例如，认为家境的贫寒不应该影响一个人的发展，国家应资助穷人上学，把他们带到一定的起跑线上，使之能与条件更好的人公平竞争。其次，认为公民都有享有一定程度获取福利的权利，这个问题最好由国家来承办。由于福利主义必然带来高税收，因此新自由主义在这点上与古典自由主义是相矛盾的。最后，新自由主义者对社会不平等的问题十分敏感。他们认为，自由的市场竞争虽然颇具效率，但影响了机会平等以及个人对一些基本福利权利的主张，因此呼吁国家应该采取措施来解决社会不平等的问题。

第四，国际战略方面。新自由主义可以被看作一种政治经济学的理念。着眼于国际战略，它推崇建立以国际垄断资本为主导的全球新秩序，支持采取政治、经济或军事力量的施压手段实现全球性的资本主义。新自由主义者虽然认同经济全球化是人类社会发展的必然趋势和历史过程，但是却并不认同全球经济、政治和文化都能实现一体化。他们着力强调超级大国存在的必要性，要推行以保证超级大国为主导力量的全球一体化，实际上是倡导全球资本主义化。新自由主义者支持以政治手段——包括利用经济、外交压力或是军事介入来打通外国市场。打通市场意味着自由贸易和国际性的劳动分工。新自由主义主张通过国际组织和签署条约（如 WTO 和世界银行）对他国施加多边的政治压力。

按照新自由主义理论来理解劳资关系，假定资本所有者和劳动主体之间存在的是"理性人"关系，双方均遵循自由、平等的交换原则。劳资双方具有不同的利益目标，具体表现为劳动力市场上劳动力要素价格和数量之间的比例关系变动。面对这样不一致的目标，虽然短期内由于影响因素多种多样而难以达成利益的平衡，但是经过长期的市场交易活动，在持续不断的重复中逐渐协调，还有市场机制的资源配置起作用，劳资双方的力量会渐渐趋于均衡，实现供需关系的稳定。因此，如果市场运行和管理方面进展顺畅，不受外来影响因素干扰，那么劳资双方都会愿意各尽其责，从而实现生产效率最大化和管理运作的最佳成效。在这样的良性关系结构中，资方能获得高额利润，工人能获得工资和福利待遇的相应提高，并且

在良好的工作环境和条件保障下促进生产效率，最终实现互相激励的共赢局面。❶

新自由主义者虽然在社会生产范畴提倡工人应享有平等和自由，也提出组织工会力量的建议，但本质上他们对工会组织的作用并不十分肯定。新自由主义更相信自由市场在调节劳资关系和改善就业状况上的影响，而工会很可能成为劳动力的垄断工具，起到人为干预劳动力要素价格和控制劳动力数量的作用。他们认为一旦允许工会力量的介入，实际上是制造了外来因素破坏劳动力市场自由流通的可能性，工会可能干预到劳资双方的直接关系，阻碍管理者对工人的个人处置权，不利于劳资关系的稳定发展。此外，借助工会力量而获得工资待遇的提升，一方面虽然满足了工人阶层的利益需要，但另一方面增加了资方的成本，容易损害资方在市场上的竞争力，实际也可能导致雇主对工人工作环境和待遇方面的保障力下降。同时，较高的劳动力成本不可避免地带来产品市场价格的上涨，那么，人们购买力的相对下降也影响着工人的收益来源。因此，新自由主义者认为工会的作用有限，甚至会带来更多的负面影响。

对于如何安置政府的角色，新自由主义继承的是古典经济学中对"守夜人"的定义。他们主张政府减少财政收支，降低税收，通过市场的自行调节来缓和劳资双方关于工资和福利的矛盾，总体而言是实行自由放任的经济政策。他们认为在管理方面，政府应当赋予资方更有弹性的管理权限，维护雇主与雇员之间以收益和工资挂钩的密切联系，避免工会的权力过大，以保障劳动力市场的自由竞争，实现效率与收益之间的动态平衡。

美国等国际垄断资本曾要求发展中国家和苏联及东欧一些转型

---

❶ 程延园．当代西方劳动关系研究学派极其观点评述［J］．教学与研究，2003（3）：57－62．

国家实行新自由主义，然而即使美国自身也没有真正实行过贸易自由化、市场化等新自由主义政策，相反却在贸易领域体现着保护主义色彩。表现在国际关系层面，新自由主义号召全球实行国际垄断资本主义的出发点和中国倡导和谐与共同发展的全球化思想也不尽相同。从这一视角来看，更有助于理解发达国家对要求发展中国家提高劳工标准的坚持和发展中国家希望保持适合自身发展条件的劳工标准的基本原则。

二、合作主义与劳动关系发展

合作主义（Corporatism）也被译为社团主义、组合主义，是现代资产阶级左翼的意识形态。合作主义主张通过不同社团间的合作来实现资本制度向资产阶级的转化。合作主义在现代更多地被认为是"三方伙伴主义"，它是现代社会中为缓解劳资冲突而形成的，是一种基于国家、资本、劳工的利益调和的解决方式，是一种利益协调机制，通过不同利益组织之间的协商形成制度化合作。❶ 实际上，合作主义是一种独立于资本主义和共产主义意识形态的思想体系，是建立在劳资合作基础上的一种政治经济体系。西方发达国家，尤其是西欧国家在处理劳资关系矛盾时主要依据的经验就是合作思想。合作主义否定了资本主义的个人功利性，也不认同共产主义的阶级斗争说，他们相信不同的利益集团可以组织起来建立共同体，这一共同体能够尊重每位劳动者。❷

---

❶ 陈帅. 合作主义理论探析［J］. 湖南大众传媒职业技术学院学报，2012，12（2）：90.

❷ 翟玉忠. 合作主义的经济原则［EB/OL］.（2004－03－03）［2010－04－28］. http：//m. kdnet. net/share－334460. html.

　　论其源头，合作主义的理念可追溯到法国社会理论家涂尔干（Durkheim）的论述。涂尔干认为，现代社会的分工模式制造出了为数众多的利益相冲突的集团，虽然这些集团之间的利益斗争构成了社会生活的本质，但是如果放任这些利益集团肆无忌惮地、赤裸裸地追逐个体或单一集团利益，会导致两败俱伤的相残局面，并造成更具广泛性伤害的社会脱序（anomie）的危机。涂尔干建议应该对多元的竞争采取社会规范的限制，强调让民众参与制定与公民生活息息相关的各种政策。市民可以通过工作上的自治，形成具有特殊功能的中间团体，并且促使每个中间团体都接受由民主选举产生的小型产业协会的领导。国家则负责为这些经济团体的活动提供协调和规划，并透过这些中间团体执行政策。经由这样的程序，现代社会的经济生活方能井然有序，也不致丧失多元化的特征。

　　合作主义理论兴起于第二次世界大战期间，目的在于建立一种由国家设置的工会和生产协作组织，以便于控制工人群众活动的社会制度。自20世纪80年代以来，合作主义理论在阐述社会政策、解释社会制度和结构，以及分析国家与社会间关系时被作为一种理论分析的主要思想框架而发挥作用，成为社会科学领域研究的重要理论之一。按照现代阶级分权体制的思想，合作主义对国家提出了"四项基本原则"，包括自治、合作、共享与制衡。❶

　　合作主义在劳资关系方面强调的是政治体系与劳资双方的互动，呼吁更多的国家干预，并建立某种由政府、雇主代表和受雇者代表共同组成的三边决策形式。❷ 根据利益集团与政府行政机构的层级，可将合作主义分为三个类别。宏观合作主义（Macro Corporatism）是

---

　　❶　姜裕富. 合作、妥协与平衡：和谐社会的宪政品格［EB/OL］.（2006 – 03 – 09）［2010 – 09 – 13］. http：//cpc. people. com. cn/GB/34727/56414/56451/56490/4182291. html.
　　❷　与国际劳工组织倡导的三方协商制度相同。

最为常用的一种，涉及主动的国家角色以及国家层面的三边关系发展。中观合作主义（Mesa Corporatism）则是指将利益团体纳入规范产业的行政架构内，常见于西德的产业层级中的集体协商，以及澳洲的强制仲裁制度。微观合作主义（Micro Corporatism）是指在公司层级开展的合作，很少有国家的参与，主要目的在于将员工利益的诉求团体纳入公司的行政结构。企业工会的联合会形式就属于该类别的合作。不过，一般西方国家所接受的合作主义多半是指宏观合作主义。因为，只有建立在国家与企业和雇员代表都具有相当实力的基础上所形成的伙伴关系决策制定制度，才构成合作主义的核心特色。这意味着代表雇主与代表雇员的全国性组织都具有控制、影响各自成员（企业协会与工会联合会）的能力，因此能够帮助国家监督三方都同意的政策的执行。

尽管如此，研究劳资关系的文献中有关合作主义的含义，包括的范围很广，从工会与雇主协会自愿参与政府决策制定的三边协商，到更为详尽、完善的利益代表制度，以及由国家、雇主与工会共同统筹规划的协调行动，乃至于高度强制性、具有良好编制的行政结构，都包括在内。如果粗略地予以划分，可以根据结成三边协商的自发性和强制性，将合作主义的类型分为社会合作主义与国家合作主义。

合作主义的制度是建立在对社会权力分配的假定上。由于社会是由分割成无数个实力不同、相互竞争的利益团体组成，其间存在着十分复杂的权力制衡关系。因此，建议由劳、资、政三方共同参与政策决定过程，以便发展更多的协调、规划和管理模式，这才有可能产生更有效率和更为公平的劳资关系。而合作主义制度从这一概念上出发，将发展成一种既不属于资本主义，也不属于社会主义的政治经济体系。

三、新制度主义与劳动关系发展

新制度主义思想也称正统多元论，是当代西方经济学的另一重要理论派别。采用传统制度主义方法的经济学家和劳动关系学家通过不断地丰富制度理念，结合处理劳资关系的实践，共同发展了适应发达市场经济国家的新制度主义。第二次世界大战结束后，西方受传统理念影响至深的国家更倾向于奉行以制度为国家行为基础的新制度主义，代表人物主要有罗纳德、H. 科斯、D. C. 诺思等。❶

新制度主义者认识到劳动力市场本身存在许多缺陷，现实的产品竞争受到很多力量的影响，因而不能对市场实行自由放任的机制。例如让企业拥有资源上的垄断控制，他们就有机会通过剥削工人来减少成本，在就业机会有限的情况下，工人需要付出更多的代价变动工作，由此造成劳动者个人在劳资双方的关系中处于弱势地位。这样看来，新制度主义支持工人力量的结合，希望通过形成一种可以凝结分散和弱小的个体势力的机制，帮助工人群体获得足以抵制雇主单方面利益考量的压榨行为的权力。

组建工会是团结工人力量的基本形式，工会能够担任开展劳工运动的主导机构。新制度主义赋予了工会开展工作的基本规范，即在雇主与劳工之间促成集体谈判的形式来处理劳资矛盾。新制度主义认为，劳资矛盾的根源在于管理与生产效率的不协调和利益分配的不公平。

---

❶ 有关新制度主义思潮可参见：奥利弗·威廉姆森，西德尼·温特主编. 企业的性质：起源、演变和发展 [M]. 姚海鑫，邢源源，译. 北京：商务印书馆，2007（该论文集收录了罗纳德·科斯于1937年首次公开发表的经典论文《企业的性质》）；约翰·K. 加尔布雷思. 经济学和公共目标 [M]. 北京：商务印书馆，1980；D. C. 诺思. 经济史中的结构与变迁 [M]. 上海：上海人民出版社，1994；奥利弗·威廉姆森. 资本主义经济制度 [M]. 北京：商务印书馆，2002；罗宁. 中国转型期劳资关系冲突与合作研究——基于合作博弈的比较制度分析 [M]. 北京：经济科学出版社，2010.

但是，从共同利益的整体观来看，依然能够在资方或劳动者一方中找到趋向于合理实现共同利益最大化的制度规范，通过让双方在遵守某种规则的约束下分配权利与效益，将矛盾冲突限制在最低程度和较小的范围内。

除了以集体谈判作为化解劳资矛盾的具体手段，通过劳动关系的立法能有效降低劳动力市场发生不公平的概率，也为劳工标准的实施与监督提供了可遵循的法律依据。对于鼓励工人参与工会组织的群体行为，新制度主义者提倡弱势力量通过聚合，与资方开展关注于产业和集体利益层面的谈判，反对工会或者工人利用这一形式寻求存在偏颇的利益获取。为推行劳工标准理念并逐步拓展劳工标准的政策实践范围，新制度主义思想的研究学者针对公共政策和处理劳资争议的具体程序进行了深入分析，提出建立以"工人委员会"为组织结构中重要部分的工人代表制度，形成由工人代表参与政策协商、获取企业信息、沟通各方意见的机制❶，大大提高了管理与政策落实的效率，也有效协调了不同利益目标之间的障碍。更值得一提的是，新制度主义确认了国家和政府在劳工标准问题上具有影响作用，法律体系的规范和政治、经济体制对政府决策的程序限定都深刻影响着一国的劳动关系和市场发展模式，也关系到国际战略层面的国际市场流通和国家间的行为互动。

---

❶ 龚基云. 转型期中国劳动关系研究［M］. 合肥：安徽人民出版社，2006：27 – 37.

第五章
国外劳动教育实践

实践劳动教育是全面培养学生素质的重要内容。劳动教育应当既能传授学生知识、技能，又能让学生通过实践感受劳动乐趣。一些国家在劳动教育领域有侧重点不同的教学理念和教学内容，在教学方式上也呈现多样化，我们可以从中汲取适合中国学生、中国学校、中国教育的劳动教育经验。

一、苏联的劳动教育

在劳动教育思想方面，苏联曾涌现出众多教育思想家和理论家，他们对劳动教育思想和实践的探索开始得较早，积累了一定经验。苏联有很多教育家对普通学校的劳动教育和综合技术教育不断研究，对劳动教育工作提出了改进建议。直至 20 世纪 80 年代，劳动教育成为苏联教育改革的中心议题。在 1984 年苏联教育改革之后，苏联初步建立起了一个较为完整的劳动教育教学体系。❶

---

❶ 刘启娴．苏联普通学校的劳动教育和技术教育［J］．中小学管理，1988（5）：57.

（一）苏联学校的劳动教育

苏联非常重视在教育领域发挥社会职能，强调在学校学习知识的同时应当让青年参与国民经济中的社会公益劳动，而且要对青年进行从事这些劳动的教育。在苏联普通教育和职业教育改革的基本方针中指出，应当把劳动教育看作培养人的极为重要的一个因素和满足国民经济对劳动力主要需求的手段。劳动教育的任务是为学生的就业做好必要准备，先是让学生通过参加各种生产劳动培养正确的劳动态度，懂得劳动的社会意义和重要价值，进而在劳动教育过程中培养学生获得生产技能的志向和能力，做好未来从事职业的劳动技能准备。

在教育与生产相结合思想的影响下，苏联认为劳动是教育取得成效的标准之一，劳动教育也是思想道德教育的重要部分。苏联的教育体系自幼儿园阶段就为学生们安排设计了符合他们身心发展程度的劳动教育。在苏联的许多幼儿园，教师会带领孩子们观看大人从事劳动，培养他们的劳动兴趣，认识到劳动是生活中必不可少的需要，树立热爱劳动的态度。在中小学阶段，苏联普通学校的劳动教育教学一般分为三个层次开展。1~4年级的小学生应当掌握利用生活中的各种材料和工具开展简单劳作的方法，例如，栽培农作物、自制并修理学教具、制作手工艺品等。同时，学校从小学开始就为学生介绍一些与职业有关的知识。进入5~9年级的不完全中学阶段，学生们会接受一些一般性的劳动技能训练和知识普及，包括学习木材、金属的特性认识和简单加工，了解电子技术，并且需要学习有关国民经济各主要部门的概念。其间，学校会安排学生在生产队、工厂或企业的教学车间进行劳动实践学习。在此基础上，针对普通中等学校10~11年级的学生，每周会专门安排一天组织生产劳

动教学，帮助学生根据本地区最普遍性的职业进行专业技能培养，让学生在学校阶段就能获得从事相应职业的一般性技能水平。❶

（二）苏联普通中学劳动技术教育的特点

（1）生产劳动是重要教学内容。苏联的普通中学都将生产劳动作为一门独立课程纳入教学计划，在教学内容方面重点是工农业生产劳动和服务性行业劳动。

（2）重视劳动教育教学。在苏联的教育结构中，专门设置了一类十年制的劳动综合技术普通中学，这类学校包括三年小学教育和中学七年教育。❷ 苏联的教育教学研究机构也十分重视劳动教学的指导，针对不同类型的学校和教学阶段制定了多达 28 种的劳动教学大纲，还配有劳动教学参考书。

（3）加大投入建设劳动教育场地。苏联普通中学联合工厂、企业、农场等生产单位，提供资金、设备和生产材料的支持，共同建设劳动教学必需的重要场所，包括建成校际教学生产联合工厂、企业教学车间等。

（4）加强职业指导。苏联劳动教育的重要目的就是让学生有能力顺利进入就业市场，因此在普通中学阶段设置了职业性选修课，特别是根据学校所在不同地区，根据城市或农村在职业方面的不同需求开设相应的选修课。例如，城市学校为学生提供了信息技术方面的培训，农村学校更多会与生产队合作，设置一些拖拉机操作、农业生产技术和建筑方面的技能培训。

（5）注重培养劳动技术课教师。苏联在师范院校中专门开设了"学校劳动教育体系""中学生职业指导工作方法"和"学生生产队

---

❶ 苏联重视学生的劳动教育［J］.《教育与进修》，1984（5）：54.

❷ ［美］约瑟夫·佐季达. 苏联的劳动教育［J］.《外国教育资料》，1980（2）：13.

活动及其组织工作的教学法原理"等课程❶，有针对性地指导教师在劳动技术教学中发挥作用，提升劳动教育质量。

二、美国的劳动教育

（一）美国劳动教育的侧重点

据美国一项针对中小学劳动教育的调查报告显示，6 岁孩子中有65%会在家做家务劳动，平均每天劳动时间为 30 分钟；而 11 岁的孩子中则高达90%都承担部分家务劳动，平均每天所花时间为 50 分钟。美国人在家庭中的劳动参与和对劳动技能从业者的认可程度都相对较高。这反映出美国劳动教育与劳动意识的融合。美国的劳动教育侧重培养个人的价值定位和职业规划意识，主要体现在三个层面：一是作为公民培养生存于社会的劳动价值观；二是作为家庭成员培养承担劳动义务的责任感；三是作为个体培养谋求职业发展的劳动能力。前两个层面属于劳动教育较为普遍存在的培养内容，在第三个层面上美国有着非常明显的劳动教育特色，十分重视立足职业发展的劳动教育。❷

（二）美国生计教育的特色

在美国，有一项特色教育是伴随着幼儿园孩子入园起就开始的"Career Education"，被译为"生计教育"，或"职业发展教育"。"生计教育"一词最早在 1970 年由美国当时的联邦卫生、教育、福利部教育总署署长詹姆斯·艾伦提出，其继任者西德尼·马兰在美

---

❶ 郭锡起. 苏联普通中学劳动技术教育的七个特点［J］. 教育评论，1987（4）：77.
❷ 苏珊. 在国外，这项教育必不可少［N］. 现代教育报，1 版，2018 - 12 - 11.

国教育各阶段大力推行生计教育。生计教育至今尚未形成一个公认的专有定义，有人从广义范畴认为它体现出一种教育理念或是一种教育发展规划，也有人在狭义的学校教育领域认为它属于一种经验学习的教学方式或是一门课程。

美国生计教育的推行者们认为，生计教育的宗旨就是通过教育、家庭和社会的协同努力，让每个孩子首先感受到不同职业的特色，建立起兴趣并认同这份职业的价值观，在此基础上习得从事这份职业的劳动技能，进而获得一份能满足自我生计又对社会有贡献意义的职业，从而过上幸福的生活，社会也能够持续稳定发展。生计教育成为美国劳动教育的特色，主要通过校内与校外相结合的方式进行。校内开展劳动教育教学主要通过设计内容生动实用的生计课程，以职业介绍和生产劳动技能为主要教学内容，帮助学生了解并接触社会形形色色的职业，以保证学生们能根据自身兴趣和特长，学习到一种或多种劳动技能，确立自己的职业兴趣方向，在某一专门领域得到一定的职业能力锻炼。

具体来说，美国的生计教育可分为四个阶段。第一个阶段为职业启蒙阶段，主要教育对象为 1～6 年级学生。这个阶段通过生计课程重点培养儿童的自我认知意识，帮助儿童了解不同类型的职业特点，培养他们的职业兴趣和帮助他们掌握一定的动手操作能力，逐渐体会劳动的意义。第二个阶段属于职业体验阶段，针对 7～10 年级学生开设生计教育课程。学生通过职业相关专项内容的知识学习，对职业类别属性和职业价值有进一步的认识，学校为学生提供感受不同职业的体验机会，方便学生探索从事某项职业的劳动意义。第三个阶段是职业选择阶段，面向的是 10～12 年级学生。学生基于前期生计教育课程的职业兴趣和体验，结合自己的优势和特质做出判断，开始对个别职业领域进行更为深入的思考，帮助自己确定未来的职业发展方向。第四个阶段是职业规划阶段，对进入高中阶段以后的学生而言，重点应关注学生的就业能力和就业方向，帮助学生做好自己的职业生涯规划。❶ 在第二至第四阶段，学校一般会结合生计教育的不同层次目标，对学生进行专业化的指导，例如邀请专家对学生们开展咨询会，或是通过设立职业兴趣小组，让专家们跟踪指导，帮助学生们集中了解他们最感兴趣的职业，对这一职业进行深度体验和讨论交流。

由此看来，美国的生计教育不同于一般课程，是一种贯穿全学段的持续性教育，伴随着孩子们的成长和价值观树立的过程。生计教育能够很好地衔接家庭教育、学校学习、面向社会的劳动就业，为个人的职业发展做到思想层面的精神准备和知识技能准备。生计教育还面向所有学生，因为生计教育培养的是职业素养，不单独针对某一学科领域的学生。生计教育在育人方面的意义非常重要，而且是通过持续不断的、针对所有学生的一种素质教育帮助每个人正确认识职业和就业，在步入社会前准确定位自己的人生职业规划，掌握一定的劳动技能，从事适合自身且让自我满足的工作。

美国的生计教育融合了思想教育、职业教育的某些特质，也体现出终身教育的培养属性。生计教育强调让每个人都能融入劳动社会，赞成生产和劳动相结合的教育理念，因此十分重视培养学生的为人处世态度、工作态度、投身社会劳动事业的态度，也希望通过教育让学生培养自觉良好的劳动意识和劳动习惯，做好劳动实践的各方面准备。

---

❶ 江西科技师范学院职业教育研究所课题组．美国生计教育发展的特点及启示[J]．中国成人教育，2010（20）：122．

（三）　美国劳动课程教科书

美国的劳动教育教科书在内容上很紧密地结合了生活劳动的情景，在细微之处培养孩子们的劳动习惯，引导学生在日常生活中实践力所能及的劳动。美国劳动课程教科书上还列出了 2～13 岁学生可以承担的基础家务清单，具体如下。❶

2～4 岁：将垃圾扔进垃圾箱、拿取东西、挂衣服、使用马桶、洗手、刷牙、浇花、整理玩具；喂宠物、睡前铺床、饭后将餐具放进水池、把脏衣服放进洗衣篮、把叠好的干净衣服放回衣柜。

4～6 岁：能独立到信箱取回信件、铺床、准备餐桌、饭后把餐具放回厨房、把洗好烘干的衣服分类叠好放回衣柜、自己准备第二天要穿的衣服、收拾房间（会把散乱的东西放回原位）。

6～12 岁：打扫房间、做简单的饭、帮忙洗车、吸地擦地、清理洗手间、扫树叶、扫雪、会用洗衣机和烘干机、把垃圾箱搬到门口（会有垃圾车来收取）。

13 岁：换灯泡、换垃圾袋、清理吸尘器内垃圾、擦玻璃、清理冰箱、清理炉灶和烤箱、做饭、列出购买清单、洗衣服（全过程）、修理草坪。

此外，美国的劳动教育与其他素质培养是相互交织的，特别重视学生的创新能力、动手操作能力、艺术和体能特长。同时强调在家庭和社会环境中引导学生尊重劳动者，鼓励学生在劳动中获得自信心和成就感，增强合作和责任意识。

---

❶ 谷贸林．美国学校如何开展劳动教育［J］．人民教育，2018（21）：79－80．

三、德国的劳动教育

（一）德国对劳动教育的重视

德国人认为，劳动教育不仅能让学生学到某项技术，掌握某种劳动技能，更重要的是培养学生具备基本生活素养、成为一个正常的社会成员。因此，德国十分重视基础教育中的劳动教育，并将它视为全面素质教育的重要组成部分。

德国非常重视学生的职业教育规划，他们的职业教育介入非常早，自学生小学毕业后就会接受较为正式的职业培训。在进入高中阶段后，德国的劳动教育开始注意引导学生学习并了解现代生产活动的过程，为学生提供全面了解职业所需技能的学习机会，进而帮助学生对劳动就业的社会价值有更深刻的认识。此外，学生在学校学习的同时还有机会亲自到企业或者工厂去实习。在实习过程中，学生们需要和企业员工、工厂工人在同样的时间上下班，协助处理一些简单工作，亲身体验相应的工作流程和工作任务。实习结束后学生们汇聚在一起交流体验，向学校和教师们汇报自己的收获体验，最后由教师做出点评和指导。在此基础上，德国劳动教育还强调培养每个人的公民道德素质，促进人们加深对劳动与环境生态保护、劳动与社会关系的理解。

德国重视劳动教育还体现在学校资源建设方面。德国的学校一般会为劳动教育设置劳动技术专用教室，而且还注重根据需要精心设计教室格局，购置完备的技术设备。劳动技术专用教室主要针对五种特色明显的职业类型进行布置，分别是金属加工教室、木料加工教室、烹饪教室、办公室管理教室、手工编织和缝纫教

室。由此可以看出，德国的劳动教育非常重视培养学生的动手
能力。

此外，德国对劳动教育的重视还体现在通过法律予以规范约束。
德国的法律建设有着严谨的制度体系，德国通过法律规范让家庭和
学校都必须重视劳动教育。在德国法律中，明文规定了 6～10 岁的
学生应当帮助父母洗碗、扫地、买东西；10～14 岁的学生要洗碗、
扫地、给全家人擦鞋及修剪草坪；14～16 岁的学生要洗汽车、整理
花园等。对于不愿意做家务的孩子，父母有权向法院提出申诉，申
请由法院监督孩子履行劳动义务。

（二）德国劳动教育的课程目标与师资培养

德国的劳动教育与多个课程有交集，结合与社会生活有密切关
联的课程渗透劳动教育理念。德国各个州在劳动教育课的课程目标
和任务表述上不尽相同，但总体培养目标是相似的，可以归纳为：
通过劳动教育让学生做好生活的各项准备，从小学高年级和初中阶
段就要做好准备适应未来的工作，了解职业并认识所处的经济社会
规律。❶ 德国各州的小学也没有规定统一的劳动课程名称，但是针对
1～2 年级学生一般会设置常识课，而且通常属于德语课程（语文）
的一部分，到 3～4 年级会单独开设劳动课，主要是设置专门的家政
课开展基础教育阶段的劳动教育。家政课通过实践教学帮助学生掌
握基本的家务劳动技能，以此作为中小学学生劳动教育的培养目标。
学生们可以学习到烹饪、清扫等服务于家庭生活的基础技能，也会
学习到理财、营养健康等常识，有助于提高生活质量。

在教师培养方面，德国从事劳动教育的教师有两种培养模式。

---

❶ 德国劳动技术教育（资讯）[J]. 思想理论教育，2008（6）：94.

第一种属于专业化的劳动教育课程体系培养，第二种属于多学科一体化设计的综合课程培养。德国劳动教育教师一般至少需要大学毕业生。德国的教育阶段划分与我国不同，小学只有 4 年，初中 5 ~ 6 年、高中 3 年、大学 6 年，所以劳动教育教师一共要经历为期 18 ~ 19 年的教育，属于高素质人才。因为一般情况下，高中阶段成为学生就业的重要选择和准备阶段，初中毕业后学生就可以根据自己未来的职业规划选择不同类型的高中就读。德国的高中有两种类型，都是以就业为导向的学校，包括职业学校和实科学校❶。选择这两类学校的学生在高中毕业后就可以直接就业，当然也可以选择申请进入应用型大学继续深造。因此，对劳动教育教师是按照高端人才进行深度培养的。德国十分重视劳动课教师的实践能力，教师除了必须熟练掌握教育、教学方法，还需要经历各种实习锻炼，拥有丰富的职业经验，才有资格和能力成为劳动教育教师。

德国有专门开展针对劳动教育教学法研究的机构和专家，通过专项研究支持深度钻研教育方法，特别是在研究方向上强调劳动教育理念和劳动教育实践的联系，研究学生应当掌握的劳动技能知识、劳动发展技能、劳动习惯，应当树立的劳动价值观等。德国劳动课程体系中对教师的培养及教师团队的师资建设是值得我们借鉴的地方。

（三）德国劳动教育强调对经济社会的认识

如前所述，在德国劳动教育的课程目标中要求培养学生认识经济社会的规律，这反映出德国劳动教育紧密结合了时代性和实践性的重要特征。有研究指出，德国中小学的劳动教育承担着对学生进

---

❶ 实科学校（Real School），是指以就业为教育目标，教授学生实际生活和国民经济必需的实用知识，在教学方法上注重适应社会发展的需要。

行"社会—经济教化"的重要功能，也就是在劳动教育过程中帮助学生多方面了解并参与社会生活，促进学生全面和谐发展。

　　特别是在近几年，德国非常重视通过数字化和信息化建设拓展劳动教育课程内容，将计算机知识、数字技术、职业实践、家政劳动、经济发展规律等新兴内容都纳入学校课程之中，整合家庭、学校、企业等多方面社会资源，针对社会生活和劳动市场的变革设置教育教学实践内容，培养学生掌握促进经济和社会可持续发展的能力。此外，德国劳动教育的能力培养体系建设非常全面且专业，涉及专业能力、方法论能力、沟通能力、判断和决策能力四个方面，并以行动力为各项能力的核心；同时，通过设置主题整合不同的课程资源，通过如自然资源、健康生活、生命观、媒体信息、集体生活、冲突和和谐、多元文化融合等主题，对各科课程资源进行整合，将不同学科中的相关知识进行串联，以便学生自主建立知识间的关联性，并在劳动课程中实现学科知识与生活实践的融通。[1]

　　英国国家经济与社会研究院由作出过一份研究报告，比较了一组英国和德国对应的公司的生产力情况，发现德国劳动力生产效率远远高于英国的劳动力。研究分析结果发现，最明显的差距在于德国对劳动生产者的教育及培训非常成体系，且特别重视在知识结构方面结合经济社会的生产生活。德国对学生数学能力和信息化技术的教育重视程度高于其他欧洲国家，因此为德国技术型企业提供了强有力的人才支撑，对德国经济的发展起到重要促进作用。

---

　　[1]　德国：劳动教育承担对个体进行"社会—经济教化"的重要功能［J］.中小学德育，2019（12）：78.

四、芬兰的劳动教育

(一) 芬兰劳动教育的课程体系

芬兰作为北欧教育水平较高的国家拥有悠久成熟的劳动教育历史和评价体系，特别是其手工课有着 150 余年的发展历史。在培养劳动精神方面，芬兰非常重视开展培养学生生存技能的劳动教育。因此，芬兰在中小学阶段会开设很多与劳动教育相关的课程，其中最具代表性的就是手工课，包括技术课和纺织课，还有家政课、编程课等。

芬兰的手工课属于小学阶段就设置的必修课课程。一般从小学三年级起开设技术课和纺织课，每周至少 1 个课时，到初中阶段每周会有 3 个课时。随着年级的逐步增高，技术课与纺织课的劳动教育难度会相应提升，例如技术课中学生可以学习使用锯、刨子等工具进行简单的木工制作，三年级学生能够学习如何制作木船模型，五年级学生会学习制作木钟，进入中学后，学生们可以使用更为复杂的劳动工具学习制作木椅、圆桌等家具。对高年级学生还会学习简单电器的制作，非常有助于学生理解实际工作背后的技术原理。而纺织课中学生们能够学会使用缝纫机，小学学生可以亲自制作出生活常用的布艺作品，例如靠垫、手包等。到了初中阶段，纺织课的形式更为多元化，让学生参与更多艺术创意活动，包括图案设计等。❶ 芬兰劳动教育中的手工课与数学、艺术等知识紧密相关，有助

---

❶ 滕珺，王岩. 创新性与传统相结合的芬兰劳动教育 [N/OL]. 光明日报，2019 - 01 - 10 [2020 - 02 - 13]. http：//epaper. gmw. cn/gmrb/html/2019 - 01/10/nw. D110000gmrb_20190110_1 - 14. htm.

于培养学生的综合素质和实践运用能力。

到了初中阶段，家政课成为芬兰劳动教育的必修课程，每周约占2个课时。家政课主要包含三个方面的技能培养：一是食物的选择与食品制作，学习准备食材和烘焙技能；二是掌握与生活起居相关的知识和能力，学会合理地使用水、电、天然气、洗涤用品等资源，形成良好家务劳动习惯；三是认识家庭消费并掌握一定的理财能力，最主要是理解金钱与家庭生活的关系，培养正确的消费观念和理财观念，维系家庭经济资源管理。

芬兰不仅明确设置一些劳动教育相关课程，也会在其他一些学科的课程设置中贯穿劳动实践内容。例如，教师们也会在物理课上给学生提供一些工具，让他们组装汽车或轮船模型，在"做中学"的过程中体验实践乐趣，培养劳动精神。与有些欧洲国家将编程作为单独的专门的课程相比，芬兰更倾向于将编程教育融入手工课和数学课等不同课程中来开展，这也是芬兰编程教育模式的独特之处。例如，在手工课上，让学生探索使用机器人和自动化相关工具设计与完成手工作品。芬兰教育体系还会设置一些综合课程，这些综合课程都能够贴近实践、贴近社会生活的需要，以解决问题或理解现象为目标，能够结合劳动教育对学生进行能力素质的全面培养。

（二）芬兰劳动教育的评价体系

芬兰劳动教育在评价标准方面有着较为成熟的体系，不仅注重对于某种具体技能的学习与掌握，让孩子学会尊重劳动和热爱劳动，更为注重培养孩子通过学习技能激发解决实际问题的愿望。因此在评价体系方面，芬兰劳动教育更注重过程性评价。在技术课和纺织课等手工课程中，教师一般不对学生作品打分或做等级性评价，采取让学生自评和互评相结合的方法，进行描述性评价。此外，芬兰教育体系还致力于建设电子档案，让学生随时记录自己制作手工作品的过程和体验，对于个人成长是非常有意义的、生动的记录资料。

五、英国的劳动教育

英国自 20 世纪 80 年代起发现，为了提高劳动力的技能和确保经济的持久发展，非常有必要提高英国的职业教育与劳动技术教育水平。经过劳动技术培训和职业培训的熟练工人在劳动生产效率方面远远高于未参加劳动和职业培训的工人，而且这些熟练工人工资待遇的提升速度也更快，这大大鼓励了英国青年参与劳动技能教育的积极性。英国开始重视劳动教育在生产效能和经济发展提升方面的促进作用。

此后，英国还越来越重视劳动教育对每一个英国人在社会生活方面的素质提升作用，甚至关心劳动教育对身心健康的长远影响。在英国，为了培养中小学生的劳动意识和能力，同时也为了预防和减少学生肥胖，经过大量前期调研和多番专家研讨会论证，英国儿童、中小学与家庭部（Department for Children, Schools and Families, DCSF）于 2008 年 1 月 22 日宣布，从 2008 年 9 月起，将烹饪课列为11 ~ 14 岁学生的必修课，还规定了如果烹饪课无法通过就必须补修、补考，否则无法获得毕业资格认证。英国认为烹饪技能不仅关乎学生的成长，还关乎着一代又一代人的健康，所以，包括英国心脏基金等在内的 50 家健康机构、教师工会、儿童福利机构、妇女协会等，都要求学校强制推行烹饪课。而在 2013 年新颁布的《英国国家中小学教学大纲》中规定，从 2014 年 9 月起，英国 7 ~ 14 岁的孩子必修烹饪课程，14 岁的学生应当能够做出 20 个不同品种的菜肴，比如馅饼、炒菜、咖喱饭等。其后，英国政府又出台了新的规定，从

2015 年 9 月起，4～5 岁的幼儿也需要学习简单的烹饪课，以简单的食物营养知识为主要授课内容，比如教育孩子大致识别食物的营养价值和热量大小等。

六、日本的劳动教育

（一）日本的劳动教育课程及劳动体验教育

日本政府 1947 年公布了《教育基本法》，其中明确提出劳动教育应在"陶冶人格"方面发挥重要作用，并在后续对该法的修订中，逐渐将"劳动体验学习"纳入为中小学教育重要内容。日本劳动教育除注重课程学习之外，更重视学生参与劳动体验。

在日本，家政课是小学阶段的必修课程，包括烹饪、整理衣物、收拾打扫房间等内容。烹饪课主要培养孩子对烹饪的兴趣，帮助孩子掌握基本的煮、炒等烹饪技巧，学会安全卫生地使用相关工具等。日本小学生的午餐也是由学生轮流值班分配，午餐吃完后，值班学生还负责将餐具整理好，这些力所能及的劳动能够帮助学生体会互相服务的意识，养成良好的用餐习惯。整理衣物则是教师教会学生自己洗衣服、缝扣子，收、叠并对衣物分类，锻炼孩子手、脑、眼的协调能力。学校除了要求学生对自己的房间进行收拾扫除，还要在学校承担打扫工作。学校重视培养学生拥有良好的公共卫生习惯，把清扫校舍内外庭院、保养树木、修花坛等劳动列入教学计划之中，使学生明白通过劳动为公众服务的意义，让学生感受到劳动奉献的喜悦，懂得集体活动的重要性。❶

---

❶ 桑廷洲，倪维素．日本的劳动教育［J］．外国中小学教育，1987（10）：47－48．

日本在劳动教育项目和活动的选择方面主要有三点考虑。一是选择对公民生活有益和有教育意义的劳动，以培养学生为社会服务的公德。二是选择与学校环境、学生能力相适合的劳动项目。从实际出发、因地制宜，选择学校有资源开展，并且学生力所能及的劳动活动。例如，如果学校在山区就可以安排学生学习植树与果树栽培；如果学校在城市，可让学生在工厂学习简单的工业劳动。有的学校有农场，学生们都要按照分配的任务在学校农场帮助收种蔬菜与农作物。日本许多中小学食堂里都有孩子们自己种植的新鲜且环保的蔬菜。还有些城市的学校经常组织学生到生活条件较差的岛屿、农村、山寨去接受劳动锻炼。三是选择与教育有密切联系的劳动，这样会使学生在劳动中增加对自然环境和技术能力的感性认识，有助于学生理解科学理论。❶

（二） 日本重视劳动观和职业观教育

经过多年的劳动教育实践，日本将劳动教育的重点放在培养学生的劳动观和职业观上，采用陶冶式的价值观融入教育。日本初中阶段的劳动教育强调培养学生尊重劳动的态度，在此基础上培养学生的基础劳动技能和职业知识。进入高中阶段，日本通过劳动体验式教学，让学生重点感受劳动和创造的愉快，帮助学生树立满足自我需求的职业观和劳动观。

（三） 日本教师深度参与劳动教育

为了提升劳动教育效果，日本学校的劳动教育教师在学生劳动时都会与学生一起进行劳动，亲力亲为，加强示范指导作用。在进

---

❶ 杨铭 . 日本中学的劳动教育 ［J］. 外国教育动态，1983 （1）：25.

行每项劳动前，教师都会研究劳动教育培养目标，让学生了解从事某项劳动的意义，给学生细致讲解劳动方法和技能。教师也鼓励学生通过讨论探索劳动方法，掌握发现、独立思考、分析并解决问题的能力。在劳动过程中，教师也要明确劳动纪律，引导学生注意劳动安全和养成良好的劳动习惯，不浪费，不破坏劳动工具，加强协作，注重劳动质量，珍惜劳动成果。在劳动结束后，教师会组织学生总结交流劳动体会和感受，以巩固学生们对劳动收获的体验感，加强对劳动的深刻理解。教师针对每个学生都会提出劳动评价，并进行指导，学校也非常重视从学生平时的劳动表现中了解学生素质，作为升学和指导就业时的重要参考。❶

七、韩国的劳动教育

韩国的劳动教育有着明显的阶段特色，强调从幼儿时期就开始培养孩子形成正确的劳动价值观和良好的行为习惯，韩语的"劳动教育"翻译过来就是"勤劳精神的涵养教育"。

（一）韩国学前阶段的劳动教育

韩国教育部专门组织通过研制开发方案、适用运行、效果评价、最终构成四个阶段，对幼儿"勤劳精神涵养教育课程"劳动课程进行了整体设计和系统安排。韩国将"勤劳精神"的内涵确定为9种要素，即自我理解、劳动成效、尊重劳动、自我调节、专注投入、勤勉、责任感、挑战意识以及合作精神。这门课程分别针对3岁、4岁和5岁的孩子设计了不同层面的内容，体现为四个模块：一是自

---

❶ 杨铭．日本中学的劳动教育［J］．外国教育动态，1983（1）：27.

我认识；二是对工作与职业世界的理解；三是对工作的个人价值认识；四是对工作的社会价值认识。[1] 在教学方法方面倡导灵活多样的呈现形式，包括体验式学习、信息化的智能学习，通过交流沟通开展的讨论式学习、以解决问题为导向的探究式学习等多种多样的教学模式。

韩国教育部也非常重视发挥家庭教育的支持作用，专门针对幼儿家长编制了劳动教育辅导用书。同时，还注重充分发挥社区和媒体宣传的作用，通过日常生活场景的案例解说，对父母应如何引导幼儿树立正确的劳动理念，如何培养子女的劳动意识和行为习惯进行指导。

（二）韩国中小学阶段的劳动教育

根据韩国 2015 年修订的中小学课程方案，提出在小学 5~6 年级开设"实践科学"课程，在初中阶段的 7~9 年级设置"技术·家庭"课程。这两门课程反映了韩国中小学劳动教育的侧重点和特色，课程内容设计十分贴近真实生活，同时也注重面向未来发展的需要。小学的"实践科学"课程重在为学生提供多样化的劳动实践，帮助学生积累丰富的劳动体验，从科学层面解释劳动原理。初中的"技术·家庭"课程主要从科学技术和家庭生活的两个维度出发，培养学生形成正确的职业价值观，掌握解决实际问题和探索职业发展的能力。

韩国在中小学教育阶段还有一项"创意型体验活动"课程，这门课程与劳动教育也紧密相关。该课程的教学形式分为四种：自律活动、社团活动、义务服务活动、职业前途探索活动。其中社团活

---

[1] 孙智昌. 当代国外小学劳动技术教育课程的发展［J］. 外国中小学教育，2000（05）：36 - 38.

动的内容之一是实习劳作活动，具体内容包括木工操作、手工劳动、设计、制图、机器人制作、机械装配、模型制作、室内装修、美容等等。通过这些活动，培养学生的动手能力和实际操作能力，学习相关的技术技能，并在劳动中培养良好的勤劳意识和行为习惯。

第六章

中国的劳动教育政策梳理

一、法律文本中有关劳动教育的内容

（一）《中华人民共和国宪法》

《中华人民共和国宪法》（以下简称《宪法》）在我国拥有最高法律效力，是中华人民共和国的根本大法。现行《宪法》为 1982 年《宪法》，经历过 1988 年、1993 年、1999 年、2004 年、2018 年五次修订。在 2018 年修订后的《宪法》文本中，"劳动"一词出现了 29 次，"教育"一词出现 27 次。《宪法》的第一部分为总纲，是具有纲领性指导意义的重要内容。经过 2018 年第五次修订后，目前我国《宪法》的总纲条款共 32 条，占据了全部条款的近四分之一。《宪法》总纲条款规定了国家未来要实现的总体目标，我们可以从中找到有关劳动和教育发展的重要方向。总纲中集中体现"劳动"的是第十四条，"教育"一词则集中出现在第十九条和第二十四条。

第十四条 国家通过提高劳动者的积极性和技术水平，推广先进的科学技术，完善经济管理体制和企业经营管理制度，实行各种形式的社会主义责任制，改进劳动组织，以不断提高劳动生产率和经济效益，发展社会生产力。国家厉行节约，反对浪费。国家合理安排积累和消费，兼顾国家、集体和个人的利益，在发展生产的基础上，逐步改善人民的物质生活和文化生活。国家建立健全同经济发展水平相适应的社会保障制度。

第十九条　国家发展社会主义的教育事业，提高全国人民的科学文化水平。国家举办各种学校，普及初等义务教育，发展中等教育、职业教育和高等教育，并且发展学前教育。国家发展各种教育设施，扫除文盲，对工人、农民、国家工作人员和其他劳动者进行政治、文化、科学、技术、业务的教育，鼓励自学成才。国家鼓励集体经济组织、国家企业事业组织和其他社会力量依照法律规定举办各种教育事业。国家推广全国通用的普通话。

第二十四条　国家通过普及理想教育、道德教育、文化教育、纪律和法制教育，通过在城乡不同范围的群众中制定和执行各种守则、公约，加强社会主义精神文明的建设。国家倡导社会主义核心价值观，提倡爱祖国、爱人民、爱劳动、爱科学、爱社会主义的公德，在人民中进行爱国主义、集体主义和国际主义、共产主义的教育，进行辩证唯物主义和历史唯物主义的教育，反对资本主义的、封建主义的和其他的腐朽思想。

通过上述条款可以看出，提高劳动者的积极性和技术水平、改进劳动组织、不断提高劳动生产率和经济效益是发展社会生产力的重要途径。只有物质生产基础得到改善，社会保障才有条件变得更好，根本宗旨还是为了实现人民生活水平的提升，让人人受益。而教育是普遍提高劳动力各方面素质的直接方式。教育能够提高全国人民的科学文化水平，教育对工人、农民等所有劳动者都能够起到技能和业务等方面的培养，教育更重要的意义还在于引导个人树立积极正确的价值观，塑造有道德、有理想、有文化的人才，通过思想教育形成全民爱祖国、爱人民、爱劳动、爱科学、爱社会主义的良好氛围。在国家和社会发展的总体目标层面，劳动与教育是相互支撑的。劳动能够提升人的道德精神面貌，教育为劳动者提供了知识、技能和价值观等多方面的培养，归根结底是为了人才培养，不断支撑建设经济强国和推进社会文明建设。

《宪法》第二部分是关于公民的基本权利和义务，其中第四十二条至第四十八条，以及第五十三条都是对劳动和教育的重要规定。

第四十二条　中华人民共和国公民有劳动的权利和义务。国家通过各种途径，创造劳动就业条件，加强劳动保护，改善劳动条件，并在发展生产的基础上，提高劳动报酬和福利待遇。劳动是一切有劳动能力的公民的光荣职责。国有企业和城乡集体经济组织的劳动者都应当以国家主人翁的态度对待自己的劳动。国家提倡社会主义劳动竞赛，奖励劳动模范和先进工作者。国家提倡公民从事义务劳动。国家对就业前的公民进行必要的劳动就业训练。

第四十三条　中华人民共和国劳动者有休息的权利。国家发展劳动者休息和休养的设施，规定职工的工作时间和休假制度。

第四十四条　国家依照法律规定实行企业事业组织的职工和国家机关工作人员的退休制度。退休人员的生活受到国家和社会的保障。

第四十五条　中华人民共和国公民在年老、疾病或者丧失劳动能力的情况下，有从国家和社会获得物质帮助的权利。国家发展为公民享受这些权利所需要的社会保险、社会救济和医疗卫生事业。国家和社会保障残废军人的生活，抚恤烈士家属，优待军人家属。国家和社会帮助安排盲、聋、哑和其他有残疾的公民的劳动、生活和教育。

第四十六条　中华人民共和国公民有受教育的权利和义务。国家培养青年、少年、儿童在品德、智力、体质等方面全面发展。

第四十七条　中华人民共和国公民有进行科学研究、文学艺术创作和其他文化活动的自由。国家对于从事教育、科学、技术、文学、艺术和其他文化事业的公民的有益于人民的创造性工作，给以鼓励和帮助。

第四十八条　中华人民共和国妇女在政治的、经济的、文化的、社会的和家庭的生活等各方面享有同男子平等的权利。国家保护妇女的权利和利益，实行男女同工同酬，培养和选拔妇女干部。

第五十三条　中华人民共和国公民必须遵守宪法和法律，保守国家秘密，爱护公共财产，遵守劳动纪律，遵守公共秩序，尊重社会公德。❶

《宪法》用其权威性的阐释将劳动和教育都纳入公民最基本的权利范畴，国家有义务和责任对每个公民提供劳动和教育方面的保障。特别是在劳动权益保障、创造就业机会等方面与体面劳动理念的科学内涵十分契合。劳动是每个公民的权利也是义务，劳动能使劳动者体会承担职责的光荣感。国家对就业前的公民进行必要的劳动就业训练，强调了劳动教育对促进就业的重要意义，特别是职业教育、成人教育培训等教育渠道在指导和保障就业质量方面都具有很强的

❶　中华人民共和国宪法［EB/OL］.（2018－05－08）［2020－04－22］. http：//www.moe. gov. cn/s78/A02/moe_905/201805/t20180508_335334. html.

·107·

针对性。对于劳动，我国通过《宪法》文本对公民的各方面劳动保障都有涵盖，充分体现了以人为本的科学发展理念。

（二）《中华人民共和国教育法》

我国针对教育出台的第一部法律是 1980 年 2 月 12 日经中华人民共和国第五届全国人民代表大会常务委员会第十三次会议审议通过的《中华人民共和国学位条例》，标志着我国教育正式走上依法治教的轨道。1986 年 4 月 12 日，第六届全国人民代表大会第四次会议通过《中华人民共和国义务教育法》，该法旨在保障适龄儿童、少年接受义务教育的权利，保证义务教育的实施，提高全民族素质。❶1995 年 3 月 18 日，经第八届全国人大第三次会议通过，《中华人民共和国教育法》（以下简称《教育法》）正式颁布。《教育法》在 2009 年根据第十一届全国人民代表大会常务委员会第十次会议《关于修改部分法律的决定》进行了第一次修正，在 2015 年根据第十二届全国人民代表大会常务委员会第十八次会议《关于修改〈中华人民共和国教育法〉的决定》进行了第二次修正。

《教育法》是中国教育工作的根本遵循，是依法治教的根本大法。《教育法》的颁布标志着我国教育工作进入全面依法治教的新阶段，对我国教育事业的改革与发展，以及社会主义物质文明和精神文明建设产生着重大而深远的影响。《教育法》关系着中国教育改革与发展和社会主义现代化建设全局，对落实教育优先发展的战略地位，促进教育改革发展，建立具有中国特色的社会主义现代化教育制度，维护教育关系主体的合法权益，加速教育法制建设，提供了根本的法律保障。

---

❶ 中华人民共和国义务教育法 [EB/OL]. (2006 – 06 – 30) [2020 – 05 – 13]. http://www. moe. gov. cn/s78/A02/zfs_left/s5911/moe_619/201512/t20151228_226193. html.

《教育法》第五条内容明确提出教育要与生产劳动和社会实践相结合，要培养德、智、体、美等全面发展的社会主义建设者和接班人，这是对马克思教育与生产劳动相结合思想的继承和发展。第六条与从价值观教育的层面提出了应当培养受教育者拥有爱国、爱集体、爱社会主义的精神面貌，坚持立德树人是教育工作的根本遵循，而且教育在培养人的社会责任感、创新精神与实践能力方面都有益于提升个人素质，塑造出更有能力承担社会发展建设的人才。第七条是教育要发挥继承与弘扬中华优秀传统文化的重要作用，尊重劳动和劳动人民、吃苦耐劳、勤勉敬业等优良传统是应当融入价值观的重要精神。条文具体内容如下。

第五条　教育必须为社会主义现代化建设服务、为人民服务，必须与生产劳动和社会实践相结合，培养德、智、体、美等方面全面发展的社会主义建设者和接班人。

第六条　教育应当坚持立德树人，对受教育者加强社会主义核心价值观教育，增强受教育者的社会责任感、创新精神和实践能力。

国家在受教育者中进行爱国主义、集体主义、中国特色社会主义的教育，进行理想、道德、纪律、法治、国防和民族团结的教育。

第七条　教育应当继承和弘扬中华民族优秀的历史文化传统，吸收人类文明发展的一切优秀成果。❶

（三）《中华人民共和国职业教育法》

在 1995 年《教育法》颁布后，《中华人民共和国职业教育法》

---

❶　中华人民共和国教育法［EB/OL］．（2015－12－28）［2020－04－22］．http：//www.moe.gov.cn/s78/A02/zfs_left/s5911/moe_619/201512/t20151228_226193.html.

（以下简称《职业教育法》）随即在 1996 年颁布实施。《职业教育法》是依据教育法和劳动法制定的专门性教育法规，明确了发展职业教育的目的是为了实施科教兴国战略，提高劳动者素质，促进社会主义现代化建设。由于职业教育是促进劳动就业的重要教育途径，与劳动教育的根本宗旨有更为紧密的联系，因此发展完善的、成体系的职业教育对于实现劳动教育育人价值有更为重要的意义。《职业教育法》中有多项条文体现了通过职业教育提升劳动者能力、促进就业保障的内容。相关条款列举如下，其中第三条、第四条、第七条、第八条属于总则条款，第十三条至第十六条是关于职业教育体系的内容，第二十三条对实施职业教育的主体做了相关规定。

第三条　职业教育是国家教育事业的重要组成部分，是促进经济、社会发展和劳动就业的重要途径。国家发展职业教育，推进职业教育改革，提高职业教育质量，建立、健全适应社会主义市场经济和社会进步需要的职业教育制度。

第四条　实施职业教育必须贯彻国家教育方针，对受教育者进行思想政治教育和职业道德教育，传授职业知识，培养职业技能，进行职业指导，全面提高受教育者的素质。

第七条　国家采取措施，发展农村职业教育，扶持少数民族地区、边远贫困地区职业教育的发展。国家采取措施，帮助妇女接受职业教育，组织失业人员接受各种形式的职业教育，扶持残疾人职业教育的发展。

第八条　实施职业教育应当根据实际需要，同国家制定的职业分类和职业等级标准相适应，实行学历证书、培训证书和职业资格证书制度。国家实行劳动者在就业前或者上岗前接受必要的职业教育的制度。

第十三条　职业学校教育分为初等、中等、高等职业学校教育。初等、中等职业学校教育分别由初等、中等职业学校实施；高等职业学校教育根据需要和条件由高等职业学校实施，或者由普通高等学校实施。其他学校按照教育行政部门的统筹规划，可以实施同层次的职业学校教育。

第十四条　职业培训包括从业前培训、转业培训、学徒培训、在岗培训、转岗培训及其他职业性培训，可以根据实际情况分为初级、中级、高级职业培训。职业培训分别由相应的职业培训机构、职业学校实施。其他学校或者教育机构可以根据办学能力，开展面向社会的、多种形式的职业培训。

第十五条　残疾人职业教育除由残疾人教育机构实施外，各级各类职业学校和职业培训机构及其他教育机构应当按照国家有关规定接纳残疾学生。

第十六条　普通中学可以因地制宜地开设职业教育的课程，或者根据实际需要适当增加职业教育的教学内容。

第二十三条　职业学校、职业培训机构实施职业教育应当实行产教结合，为本地区经济建设服务，与企业密切联系，培养实用人才和熟练劳动者。职业学校、职业培训机构可以举办与职业教育有关的企业或者实习场所。❶

《职业教育法》总则部分明确了我国发展职业教育的定位，是要立足于适应社会主义市场经济、社会进步发展的需要，建设全面提升劳动者素质的职业教育体系。为了实现全面的素质提升，职业教育教学不仅是知识和技能的传授，还要重视思想道德和职业道德教育，在学生就业前要有针对性地进行就业指导和培训。而且，从

---

❶ 中华人民共和国职业教育法［EB/OL］.（1996 – 05 – 15）［2020 – 04 – 22］. http：//www. moe. gov. cn/s78/A02/zfs_left/s5911/moe_619/tnull_1312. html.

《职业教育法》中还可以看出，我国建设职业教育考虑非常全面，从国家政策层面支持农村地区、少数民族地区、贫困边远地区等区域的职业教育发展，这对于从根本上解决就业问题有明显的促进意义。

《职业教育法》对职业教育体系的构成规定了多种层次。首先，将职业学校教育划分为初等、中等和高等职业教育，让不同年龄和层次的学生有多种教育选择。其次，除了职业学校还可以通过职业培训的形式拓展职业教育对象，围绕就业实际需要开展各个环节的职业培训，让职业教育成为面向全社会范围的教育形式，为终身教育提供重要支撑。再者，职业教育不是完全独立于普通教育之外的，在普通中学和普通高等学校都应当适当开展职业教育的有关课程，从职业规划、职业能力等方面给学生予以就业指导，帮助他们顺利步入工作岗位。最后，在职业教育的实施层面，产教结合是推动职业教育发展非常重要的途径，要充分加强与企业的联合沟通，调动企业和社会各方面力量，以培养实用型人才和熟练劳动者为最终目标，发挥职业教育在完善教育体制、实现教育强国层面的重要作用。

2019 年 12 月，为了保障公民接受职业教育的权利，实施科教兴国和创新驱动发展战略，大力发展职业教育，建设教育强国和人力资源强国，促进社会主义现代化建设，根据《宪法》《教育法》《劳动法》及其他有关法律法规，经充分调研与广泛征求意见，教育部研究制定了《中华人民共和国职业教育法修订草案（征求意见稿）》（以下简称《征求意见稿》）。❶《征求意见稿》在原法基础上，从三个层面予以调整：一是紧紧围绕职业教育是类型教育的定位，统筹设计法律制度体系；二是紧紧围绕职业教育领域热点难点

---

❶ 教育部关于《中华人民共和国职业教育法修订草案（征求意见稿）》公开征求意见的公告 ［EB/OL］. （2019－12－05）［2020－04－22］. http：//www. moe. gov. cn/jyb_xwfb/s5989/201912/t20191224_413254. html.

问题，增强制度针对性；三是紧紧围绕职业教育改革发展实践，及时将实践成果转化为法律规范。共修订调整 41 条，新增 15 条，是对职业教育适应新时代要求的创新完善，其中有些重要精神也充分反映了新时代劳动教育的发展趋势。

《征求意见稿》通过对第二条和第三条内容的修订，重新界定了职业教育的内涵和定位，即"本法所称职业教育，是指为了使受教育者具备从事某种职业或者职业发展所需要的职业道德、专业知识、技术技能和能力素质而实施的教育活动，包括各级各类职业学校教育和各种形式的职业培训"，"职业教育是国民教育体系和人力资源开发的重要组成部分，是培养多样化人才、传承技术技能、促进就业创业，推动经济社会发展的重要途径，与普通教育是不同教育类型，具有同等重要地位。国家发展职业教育，推进职业教育改革，提高职业教育质量，建立、健全适应社会主义市场经济和社会进步需要，符合技术技能人才成长规律的职业教育制度体系"。

《征求意见稿》第四条强调，"实施职业教育必须坚持中国共产党的全面领导，坚持社会主义办学方向，贯彻国家教育方针，以立德树人为根本，以服务发展为宗旨，以促进就业为导向，坚持产教融合、校企合作、工学结合、知行合一，培育工匠精神，进行职业指导，全面提高受教育者的素质"。其中对工学结合、知行合一、培育工匠精神等的要求也是发展劳动教育所应当坚持的重要方面。特别是《征求意见稿》第九条（在原第十条基础上修订）增加了一部分内容，"国家采取措施，提高技术技能人才的社会地位和待遇，弘扬劳动光荣、技能宝贵、创造伟大的时代风尚"，让劳动技术人才在社会范围获得更多尊重和更好的待遇，形成尊重劳动、尊重技术技能的良好社会氛围。

在构建完善的教学体系方面，《征求意见稿》提出要加强职业教育与普通教育的沟通，从终身学习的理念出发建设现代职业教育体系。这部分内容增加在第十二条，"国家建立健全适应经济社会发展需要，产教深度融合，职业学校教育和职业培训并重，职业教育与普通教育相互沟通，初级、中级、高级职业教育有效衔接，体现终身学习理念的现代职业教育体系"。第十六条则对普通中小学增加职业教育的教学内容提出了更为具体的建议，"各级人民政府教育行政部门应当支持和鼓励普通中小学根据实际需要增加职业教育的教学内容，开展职业启蒙教育，组织职业学校、职业培训机构、企业和行业组织等为普通中小学开展职业启蒙、职业认知、职业体验与劳动技术教育提供条件和支持"。❶ 这些职业相关的教学内容可以成为加强大中小学劳动教育的重要教学内容。

二、教育政策文件中有关劳动教育的内容

（一）《中国教育改革和发展纲要》

1993 年 2 月 13 日，中共中央、国务院印发了《中国教育改革和发展纲要》，确定了 20 世纪 90 年代起至 21 世纪初我国教育改革和建设的主要任务，明确提出"必须把教育摆在优先发展的战略地位，努力提高全民族的思想道德和科学文化水平，这是实现我国现代化的根本大计"❷，要通过教育进一步提高劳动者素质，培养大批人才，更好地为社会主义现代化建设服务。这份文件多次提出要适应

---

❶ 教育部关于《中华人民共和国职业教育法修订草案（征求意见稿）》公开征求意见的公告（附件 3）［EB/OL］.（2019 - 12 - 05）［2020 - 04 - 22］. http：//www. moe. gov. cn/jyb_xwfb/s5989/201912/t20191224_413254. html.

❷ 中国教育改革和发展纲要［EB/OL］.（1993 - 02 - 13）［2020 - 06 - 29］. http：//www. moe. gov. cn/jyb_sjzl/moe_177/tnull_2484. html.

改革开放和现代化建设需要，重视科学技术发展，充分依靠教育的基础作用提升劳动者素质和全民族素质。

从"应试教育"转向"素质教育"成为这次基础教育阶段改革的重点方向。尽管《中国教育改革和发展纲要》中对教育方针的表述是"教育必须为社会主义现代化建设服务，必须与生产劳动相结合，培养德、智、体全面发展的建设者和接班人"，尚未形成"德智体美劳全面发展"的五育体系，但在文件第四部分"全面贯彻教育方针，全面提高教育质量"中，对德育、体育、美育、劳动教育等都有专门阐述，充分体现了全面发展的教育理念。在劳动教育方面，《中国教育改革和发展纲要》在中小学教育的改革方向上点明了提高学生劳动技能作为学生素质培养目标之一，提出要转向全面提高国民素质的轨道，提高全体学生的思想道德、文化科学、劳动技能和身体心理素质，促进学生生动活泼地发展。第36项专门对加强劳动观点和劳动技能教育进行了阐述，具体内容如下。

（36）加强劳动观点和劳动技能的教育，是实现学校培养目标的重要途径和内容。各级各类学校都要把劳动教育列入教学计划，逐步做到制度化、系列化。社会各方面要积极为学校进行劳动教育提供场所和条件。

培养人才、促进就业，是教育改革的重要目标，《中国教育改革和发展纲要》对职业教育发展和高等学校的毕业生就业制度都进行了一定规划。发展职业技术教育要与当地经济发展的需要相适应，要对无法继续接受普通教育的学生提供职业技术培训，普通中学也要根据情况适当开设职业技术教育课程。要认真实行"先培训、后就业"的制度，优先录用经过职业技术教育和培训的学生就业，对专业性、技术性较强的岗位加强培训。高等学校要在专业知识培养基础上加强就业指导，帮助大部分毕业生顺利实现"自主择业"，这就需要学校与人才市场建立起与就业需求、人才信息相配套的信息平台，通过就业咨询指导、职业介绍等社会中介组织，为毕业生就业提供服务。由此可见，劳动教育在职业技术培训和就业指导方面能够起到非常关键的作用。

（二）《国家中长期教育改革和发展规划纲要（2010—2020 年）》

2010 年 7 月 29 日，《国家中长期教育改革和发展规划纲要（2010—2020 年）》正式发布。这是中国进入 21 世纪之后的第一个教育规划，是这之后一个时期指导全国教育改革和发展的纲领性文件。在《国家中长期教育改革和发展规划纲要（2010—2020 年）》的指导思想中，明确提出要"全面贯彻党的教育方针，坚持教育为社会主义现代化建设服务，为人民服务，与生产劳动和社会实践相结合，培养德智体美全面发展的社会主义建设者和接班人"❶。从工作方针来看，教育要以人为本，把育人作为教育的根本要求，全面实施素质教育，努力培养造就数以亿计的高素质劳动者、数以千万计的专门人才和一大批拔尖创新人才。

为了培养更多高素质劳动者，教育改革发展应当在以下方面予以加强。一是实现更高水平的普及教育。包括基本普及学前教育；巩固提高九年义务教育水平；普及高中阶段教育；进一步提高高等教育大众化水平；扫除青壮年文盲。要逐步提升主要劳动力平均受教育年限，拓展全国接受过高等教育的劳动力所占比例，争取在2020 年实现具有高等教育文化程度的人数比 2009 年翻一番，所占比

---

❶ 国家中长期教育改革和发展规划纲要（2010—2020 年）［EB/OL］.（2010 – 07 – 29）［2020 – 07 – 02］. http：//www. gov. cn/jrzg/2010 – 07/29/content_1667143. htm.

例达到 20% 以上。二是形成惠及全民的公平教育。坚持教育的公益性和普惠性，保障人人享有接受良好教育的机会；建成覆盖城乡的基本公共教育服务体系，实现基本公共教育服务均等化，缩小区域差距；努力办好每一所学校，教好每一个学生，不让一个学生因家庭经济困难而失学；切实解决进城务工人员子女平等接受义务教育问题；保障残疾人受教育权利。三是提供优质教育。努力扩大优质教育资源总量，整体提升教育质量和教育现代化水平，让人民群众接受高质量教育的需求得到更大满足；全面培养和提高学生思想道德素质、科学文化素质和健康素质，以人才服务国家，提升中国的国际竞争力。四是构建体系完备的终身教育。加快建成学历教育和非学历教育协调发展，职业教育和普通教育相互沟通，职前教育和职后教育有效衔接的终身教育体系，促进全体人民学有所教、学有所成、学有所用。

教育作为为国家培养人才资源的强国战略，要有明确的培养目标。通过《国家中长期教育改革和发展规划纲要（2010—2020 年）》可以明确中国教育改革发展的重点方向，就是坚持德育为先、坚持能力为重、坚持全面发展，我们可以与之紧密结合开展劳动教育。

第一是坚持德育为先，把社会主义核心价值体系融入国民教育全过程。教育要落实立德树人的根本任务，优先做好德育工作是对学生世界观、人生观、价值观的正确引领。培养有理想、有道德、有素质的青年一代，要让学生形成团结互助、诚实守信、遵纪守法、艰苦奋斗的良好品质。劳动教育与德育是相互融合贯通的，特别是培养建立积极向上的劳动观，形成吃苦耐劳、热爱劳动、爱集体、爱民族、爱国家、爱社会的精神和态度，可以在劳动实践中逐步实现思想道德教育，也可以通过思想道德教育落实劳动思想教育。德育和劳动教育都能通过很好的途径渗透于教育教学的各个环节，能够凝聚学校教育、家庭教育和社会教育。思想品德的培养提升可以由学校教育、家庭教育和社会教育共同完成，开展德育的形式和内容可以有更多创新和拓展，用更加有吸引力和感染力的教育方式方法增强德育工作的针对性和育人效果。

第二是坚持能力为重。在培养优良品质和道德情操基础上，教育的重要作用是授人以"渔"，让学生掌握知识和运用知识的实践技能。先从适应劳动就业、适应社会需要的层面教会学生谋生技能，在满足基本生存生活能力需要的基础上更好地提升各方面能力，进而实现为社会的发展进步服务。能力的强化提升依赖于学生自主学习的意识和能力，学校要通过教育教学设计完善的知识结构体系，提供更多的实践机会帮助学生积累经验，鼓励发展创新思维和创新能力。

第三是坚持全面发展。培养全面发展的综合素质人才一直是我国教育的根本育人目标，为实现这一目标要全面加强和改进德育、智育、体育、美育。《国家中长期教育改革和发展规划纲要（2010—2020年)》对坚持全面发展提出了具体要求。在德育和智育方面要"坚持文化知识学习与思想品德修养的统一、理论学习与社会实践的统一、全面发展与个性发展的统一"。在加强体育方面，要"牢固树立健康第一的思想，确保学生体育课程和课余活动时间，提高体育教学质量，加强心理健康教育，促进学生身心健康、体魄强健、意志坚强"。对于美育，应当"培养学生良好的审美情趣和人文素养"。在表述上，《国家中长期教育改革和发展规划纲要（2010—2020 年)》在《中国教育改革和发展纲要》"德智体全面发展"的基础上拓展为"德智体美全面发展"，同样也对加强劳动教育做了进一步阐述："加强劳动教育，培养学生热爱劳动、热爱劳动人民的情感。"❶ 此

---

❶ 国家中长期教育改革和发展规划纲要（2010—2020 年）［EB/OL］.（2010 - 07 - 29）［2020 - 07 - 02］. http：//www. gov. cn/jrzg/2010 - 07/29/content_1667143. htm.

外，全面教育还要培养学生重视安全教育、生命教育、国防教育、可持续发展教育。坚持全面教育，要促进德育、智育、体育、美育有机融合，提高学生综合素质，使学生成为德智体美全面发展的社会主义建设者和接班人。

（三）《中国教育现代化 2035》和《加快推进教育现代化实施方案（2018—2022 年）》

2019 年 2 月 23—24 日，中共中央、国务院印发《中国教育现代化 2035》，中共中央办公厅、国务院办公厅印发《加快推进教育现代化实施方案（2018—2022 年）》。从文件定位上看，《中国教育现代化 2035》是我国第一个以教育现代化为主题的中长期战略规划，是新时代推进教育现代化、建设教育强国的纲领性文件，具有全局性、战略性、指导性，与中长期教育规划相比，时间跨度更长，重在目标导向，系统勾画了我国教育现代化的战略愿景，明确了教育现代化的战略目标、战略任务和实施路径。《加快推进教育现代化实施方案（2018—2022 年）》则是推进落实《中国教育现代化 2035》5 年内具体的行动计划和施工图。❶《中国教育现代化 2035》在指导思想中提出要立足基本国情，遵循教育规律，坚持改革创新，以凝聚人心、完善人格、开发人力、培育人才、造福人民为工作目标，培养德智体美劳全面发展的社会主义建设者和接班人，加快推进教育现代化、建设教育强国、办好人民满意的教育。强调了推进教育现代化的八大基本理念，即：更加注重以德为先，更加注重全面发

---

❶ 绘制新时代加快推进教育现代化建设教育强国的宏伟蓝图——教育部负责人就《中国教育现代化 2035》和《加快推进教育现代化实施方案（2018—2022 年）》答记者问 [EB/OL]. (2019 - 02 - 23) [2020 - 07 - 09]. http：//www. moe. gov. cn/jyb_xwfb/s271/201902/t20190223_370865. html.

展，更加注重面向人人，更加注重终身学习，更加注重因材施教，更加注重知行合一，更加注重融合发展，更加注重共建共享。❶

从上述表述可以看出，我国发展教育现代化强国的目标已经向着更为全面、更为高远、更加以人为本的人才培养意义进化。"培养德智体美劳全面发展的社会主义建设者和接班人"作为教育方针的重要内容完善了"五育"并举的教育理念，体现了新时代增强劳动教育对于促进发展面向人人、全面融合的素质教育具有重要意义。实际上，建设完善的劳动教育体系对于德育、智育、体育、美育都能够起到很好的促进作用，而且加强劳动技能和劳动就业观等方面的教育对于发展职业教育、促进就业等方面都有更为直观的积极影响，也能够通过成人的劳动职业培训实现教育对终身学习的支持。劳动教育特别能够契合以完善人格、开发人力、培育人才等为教育目标，以八大基本理念为指导实现教育现代化的路径。劳动教育在教学形式上可以灵活多样，教育的针对性和实效性可以非常鲜明，对因材施教和知行合一的教育意义体现得尤为突出。

《中国教育现代化 2035》聚焦教育发展的突出问题和薄弱环节，立足当前，着眼长远，重点部署了十大战略任务。其中阐述最多的一项任务就是第二项，关于发展中国特色世界先进水平的优质教育。我国一直重视教育质量，要进入世界前列，更要立足中国国情，办有中国特色的教育事业。在这项任务中，首先依然要坚持教育以立德树人为根本任务，着重强调了思想道德方面的教育是人才培养的首要工作，包括"广泛开展理想信念教育，厚植爱国主义情怀，加强品德修养，增长知识见识，培养奋斗精神，不断提高学生思想水平、政治觉悟、道德品质、文化素养"。其中爱国主义情怀和奋斗精

---

❶ 中共中央、国务院印发《中国教育现代化 2035》[EB/OL].（2019 - 02 - 23）[2020 - 07 - 09]. http：//www. xinhuanet. com/politics/2019 - 02/23/c_1124154392. htm.

神都是需要很好地融入劳动精神教育的内容。其次，从身心健康、美育、劳动教育等方面提出加强综合素质培养，尤其是明确了对劳动教育的要求，即"弘扬劳动精神，强化实践动手能力、合作能力、创新能力的培养"。自21世纪起我国进入新一轮教育改革阶段，开始着力强调以学生为本，发展各学科核心素养。劳动教育也应当遵循教育教学规律，构建起符合学生身心发展水平的核心素养要求，从加强劳动教育课程教材的研究入手，建设科学完善的劳动教育课程教材体系，丰富并创新课程形式。通过加强劳动教育能够创新人才培养方式，推行实践式、融合式、启发式等多样化的教学方式，培养学生创新精神与实践能力。要建设与现代化教育相适应的劳动教育，学校除了要逐步完善场地等硬件设施，也需要有称职合格的劳动教育教师，提升软性资源水平。在教师培养方面，要重视提升教师对劳动教育的深刻理解和教学实践能力。劳动教育还能充分凝聚学校、家庭和社会的教育合力，共同培养出道德素质高、知识水平高、实践技能高的创新型劳动人才。

《加快推进教育现代化实施方案（2018—2022年）》根据2035年教育的远景战略任务，提出了5年内推进教育现代化的十大重点任务。其中，立德树人是基础工程，基础教育巩固提高、职业教育产教融合、高等教育内涵发展是构建现代教育体系的重要着力点。还强调教师队伍建设、教育信息化是推进教育现代化的有力支撑，深化重点领域教育综合改革是教育现代化的动力源泉，等等。● 从任务的紧迫性和重要性来看，《加快推进教育现代化实施方案（2018—

● 绘制新时代加快推进教育现代化建设教育强国的宏伟蓝图——教育部负责人就《中国教育现代化2035》和《加快推进教育现代化实施方案（2018—2022年）》答记者问［EB/OL］．（2019－02－23）［2020－07－09］．http：//www.moe.gov.cn/jyb_xwfb/s271/201902/t20190223_370865.html.

2022年)》将新时代立德树人工程列为十大重点任务的第一项。对培养德智体美劳全面发展人才的教育体系提出了具体要求，强调要增强中小学德育的针对性和实效性，从中小学生身心特点和思想实际出发改进德育方式方法，注重循序渐进、因材施教、潜移默化，开展喜闻乐见、入脑入心的德育活动。要将思想政治工作体系贯穿于学科体系、教学体系、教材体系、管理体系当中，深入构建一体化育人体系。在明确要求加强体育美育劳动教育的基础上，专门针对劳动教育提出"加强劳动和实践育人，构建学科教学和校园文化相融合、家庭和社会相衔接的综合劳动、实践育人机制"❶，从育人功能和育人机制的层面深化了劳动实践教育的重要意义。

（四）《关于新时代推进普通高中育人方式改革的指导意见》和《关于深化教育教学改革全面提高义务教育质量的意见》

2019年6月，两份有关教育教学改革的重要文件相继出台，一份是国务院办公厅印发的《关于新时代推进普通高中育人方式改革的指导意见》，另一份是中共中央、国务院印发的《关于深化教育教学改革全面提高义务教育质量的意见》。两份文件都将人才的全面培养和综合素质教育作为教育改革的重点内容提出指导性意见，对义务教育阶段和普通高中阶段进一步纳入劳动教育课程教学体系做出了明确指示。

在《关于新时代推进普通高中育人方式改革的指导意见》中，有关劳动教育的表述内容有："重视劳动教育，制定劳动教育指导纲

---

❶ 中共中央、国务院印发《加快推进教育现代化实施方案（2018—2022年）》[EB/OL].（2019-02-23）[2020-05-06]. http：//www.gov.cn/xinwen/2019-02/23/content_5367988.htm.

要，统筹开展好生产性、服务性和创造性劳动，使学生养成劳动习惯、掌握劳动本领、树立热爱劳动的品质。"在改革评价机制方面，也提出将劳动实践评价纳入综合素质评价的体系当中。此外，对于普通高中阶段的教育要重视对学生发展的指导，从注重指导实效和健全指导机制两个方面予以加强。在加强指导实效方面，学校要关心学生学习生活的方方面面，进行从理想、心理、学习、生活到职业生涯规划的相关指导，帮助学生树立正确理想信念、正确认识自我，让学生掌握对未来发展方向的自主选择能力。普通高中学校要立足学生的未来发展改革育人方式，以加强劳动教育为契机，指导学生做好职业生涯规划。在实现劳动教育实效和加强指导机制方面，学校要建立专兼结合的指导教师队伍，通过学科教学渗透、开设指导课程、举办专题讲座、开展职业体验等对学生进行指导。注重利用高校、科研机构、企业等各种社会资源，构建学校、家庭、社会协同指导机制。高校应以多种方式向高中学校介绍专业设置、选拔要求、培养目标及就业方向等，为学生提供咨询和帮助。❶

对于义务教育阶段，有关劳动教育的改革重点体现在强化对学生的综合素质培养方面，坚持"德智体美劳"五育并举的教育体系，以此全面提升义务教育阶段的教育质量。下面重点从《关于深化教育教学改革全面提高义务教育质量的意见》中发掘德育、智育、体育和美育能够与劳动教育相互促进的内容予以阐释。德育与劳动教育都有助于学生建立良好的理想信念和提升思想道德品质，义务教育阶段的改革强调要突出德育实效，大力开展理想信念、社会主义核心价值观、中华优秀传统文化、生态文明和心理健康等方面的教

❶ 国务院办公厅关于新时代推进普通高中育人方式改革的指导意见 [EB/OL]. (2019-06-19) [2020-06-11]. http：//www.gov.cn/zhengce/content/2019-06/19/content_5401568.htm.

育，重点培养学生的品德修养、良好的行为习惯和法治意识。在德育方面可以广泛开展对先进典型、英雄模范的学习宣传活动，为学生塑造生动形象的模仿对象。劳动教育则可以结合先进形象的推广，重点选取劳动模范的故事，或者邀请生产工作中的先进人员同学生进行交流，引导学生尊重和崇敬先进劳动者。在智育方面，劳动能够促进培养学生的认知能力和思维发展，激发创新意识。教育改革强调要让教师重视学生的主体地位，注重保护学生好奇心、想象力、求知欲，激发学习兴趣，提高他们自身的学习能力。劳动项目能够实现一定的体育锻炼效果，帮助学生养成良好的健康意识，一定时间的户外体育活动和劳动有助于学生保持视力健康，以及保障学生的睡眠质量。学校的各种手工艺活动和劳动能够增强美育熏陶，接触一些融入传统文化的劳动技能项目有助于促进学生对中华优秀传统文化的理解和传承。

《关于深化教育教学改革全面提高义务教育质量的意见》专门对加强劳动教育进行了一段表述，是对义务教育阶段发挥劳动教育实效的具体建议："充分发挥劳动综合育人功能，制定劳动教育指导纲要，加强学生生活实践、劳动技术和职业体验教育。优化综合实践活动课程结构，确保劳动教育课时不少于一半。家长要给孩子安排力所能及的家务劳动，学校要坚持学生值日制度，组织学生参加校园劳动，积极开展校外劳动实践和社区志愿服务。创建一批劳动教育实验区，农村地区要安排相应田地、山林、草场等作为学农实践基地，城镇地区要为学生参加农业生产、工业体验、商业和服务业实践等提供保障。"❶

---

❶ 中共中央、国务院关于深化教育教学改革全面提高义务教育质量的意见 [EB/OL].（2019 - 07 - 08）[2020 - 04 - 23]. http：//www. moe. gov. cn/jyb_xxgk/moe_1777/moe_1778/201907/t20190708_389416. html.

（五）《关于全面加强新时代大中小学劳动教育的意见》

2020 年 3 月 20 日，为全面构建德智体美劳全面培养的教育体系，中共中央、国务院印发了《关于全面加强新时代大中小学劳动教育的意见》（以下简称《意见》），提出全社会必须高度重视劳动教育，加强大中小学劳动教育体系建设。这份文件是为贯彻落实最新教育方针，针对新时代大中小学劳动教育出台的专项意见，具有非常强的指导意义和时代特征，标志着我国劳动教育进入了新的发展阶段。

《意见》首先明确了劳动教育在我国教育体系内的重要意义，"劳动教育是中国特色社会主义教育制度的重要内容，直接决定社会主义建设者和接班人的劳动精神面貌、劳动价值取向和劳动技能水平"。为什么要在当前的世情、国情和教情背景下强调劳动教育，是因为随着经济发展，人民的物质生活水平获得较大提升，特别是儿童和青少年在家长的庇护下缺失了一些对劳动的基本认识和深刻体会，甚至出现了不珍惜劳动成果、不想劳动、不会劳动的现象。因此有必要以有效的教育措施，加强对劳动思想、劳动观、劳动知识和劳动技能等多方面的教育，充分发挥劳动的育人价值。在实施劳动教育的指导思想方面，要将劳动教育贯穿大中小学人才培养的全过程，融入全面发展的综合素质培养体系，积极探索符合中国人才培养需要的具有中国特色的劳动教育模式。包括引导学生树立正确的劳动观，崇尚劳动、尊重劳动，增强对劳动人民的感情，报效国家，奉献社会，安排符合学生年龄特点、注意手脑并用、安全适度的实践活动，让学生亲历劳动过程等。因此，体现育人导向，遵循教育教学规律，是实施劳动教育的重要原则。在时代性方面，新时代劳动教育要符合以下原则。要适应科技发展和产业变革，针对劳动新形态，注重新兴技术支撑和社会服务新变化；要深化产教融合，改进劳动教育方式；要强化诚实合法劳动意识，培养科学精神，提高创造性劳动能力。《意见》厘清了劳动教育的内涵，对正确理解劳动教育、把握落实新时代劳动教育的关键要求提供了重要指引。

从具体落实劳动教育层面，《意见》对劳动教育的课程设置和课程内容有明确阐述，值得深入研究，并据此细化劳动教育的实施举措。具体内容如下。

（六）设置劳动教育课程。整体优化学校课程设置，将劳动教育纳入中小学国家课程方案和职业院校、普通高等学校人才培养方案，形成具有综合性、实践性、开放性、针对性的劳动教育课程体系。

根据各学段特点，在大中小学设立劳动教育必修课程，系统加强劳动教育。中小学劳动教育课每周不少于1课时，学校要对学生每天课外校外劳动时间作出规定。职业院校以实习实训课为主要载体开展劳动教育，其中劳动精神、劳模精神、工匠精神专题教育不少于16学时。普通高等学校要明确劳动教育主要依托课程，其中本科阶段不少于32学时。除劳动教育必修课程外，其他课程结合学科、专业特点，有机融入劳动教育内容。大中小学每学年设立劳动周，可在学年内或寒暑假自主安排，以集体劳动为主。高等学校也可安排劳动月，集中落实各学年劳动周要求。

根据需要编写劳动实践指导手册，明确教学目标、活动设计、工具使用、考核评价、安全保护等劳动教育要求。

（七）确定劳动教育内容要求。根据教育目标，针对不同学段、类型学生特点，以日常生活劳动、生产劳动和服务性劳动为主要内容开展劳动教育。结合产业新业态、劳动新形态，注重选择新型服务性劳动的内容。

小学低年级要注重围绕劳动意识的启蒙，让学生学习日常生活自理，感知劳动乐趣，知道人人都要劳动。小学中高年级要注重围绕卫生、劳动习惯养成，让学生做好个人清洁卫生，主动分担家务，适当参加校内外公益劳动，学会与他人合作劳动，体会到劳动光荣。初中要注重围绕增加劳动知识、技能，加强家政学习，开展社区服务，适当参加生产劳动，使学生初步养成认真负责、吃苦耐劳的品质和职业意识。普通高中要注重围绕丰富职业体验，开展服务性劳动、参加生产劳动，使学生熟练掌握一定劳动技能，理解劳动创造价值，具有劳动自立意识和主动服务他人、服务社会的情怀。中等职业学校重点是结合专业人才培养，增强学生职业荣誉感，提高职业技能水平，培育学生精益求精的工匠精神和爱岗敬业的劳动态度。高等学校要注重围绕创新创业，结合学科和专业积极开展实习实训、专业服务、社会实践、勤工助学等，重视新知识、新技术、新工艺、新方法应用，创造性地解决实际问题，使学生增强诚实劳动意识，积累职业经验，提升就业创业能力，树立正确择业观，具有到艰苦地区和行业工作的奋斗精神，懂得空谈误国、实干兴邦的深刻道理；注重培育公共服务意识，使学生具有面对重大疫情、灾害等危机主动作为的奉献精神。❶

《意见》提出了在大中小学各学段增加劳动教育必修课的要求，而且对每个阶段的劳动教育内容予以了规定。例如，中小学劳动教育课时每周不少于 1 课时，从小学低年级开始先学习劳动启蒙认识

---

❶ 中共中央、国务院关于全面加强新时代大中小学劳动教育的意见 [EB/OL]. (2020 - 03 - 26) [2020 - 04 - 22]. http://www.moe.gov.cn/jyb_xxgk/moe_1777/moe_1778/202003/t20200326_435127.html.

和培养劳动兴趣，逐渐培养劳动习惯和参与家庭及社会公益劳动的活动，引导学生树立劳动光荣的观念。中学阶段开始开展劳动知识和劳动技能的教育，帮助学生坚定劳动意志，理解劳动的社会价值。职业教育阶段的劳动教育以实习实训为主要内容，与生产劳动紧密结合，特别强调以劳模精神和工匠精神等为专题进行教育，重在培养劳动态度。高等教育学校的劳动教育要在必修课以外，适时融入其他专业课程，从树立正确的劳动观就业观、提升职业能力、建立职业规划意识、赋予创新创业思维等层面加强劳动教育指导。全面落实《意见》的要求，是实现劳动教育育人目标的重要路径和举措，应当在实践中不断总结经验教训，继续深化有关劳动教育体系建设的研究。

三、劳动教育与中国教育脱贫[1]

（一）教育脱贫对中国的重要意义

当我们将劳动教育问题放在中国最为紧迫的现实发展需求中去考虑，要逐步实现中国对广大劳动者权益的保护，那么，最基础和最根本的一步就是着力解决中国的贫困人口问题。

贫困是全世界和全人类共同面对的严峻问题，国家的贫困和贫困人口数量势必影响着劳工标准的水平。在全球化背景下，发展中国家在努力缩小与发达国家之间的经济差距，通过顺应国际政治经济新秩序实现自我的不断壮大。教育是一个民族进步和发展的基础，是提高全民族整体素质和创造能力的根本途径。教育是知识创新、

---

[1]　本章重点关注教育对贫困的改善，不针对"教育脱贫"的内涵概念进行限定，因此混用了"教育脱贫"与"教育扶贫"。

传播和应用的主要基地，也是培育创新精神和创新人才的重要摇篮。无论是在培养高素质的劳动者和专业人才方面，还是在提高创新能力和提供知识、技术创新成果以及增强民族凝聚力方面，教育都具有独特的重要意义。迄今，尚未发现一个教育发展水平较高、国民普遍接受教育程度较高的国家和地区，在经济上却十分贫困的事实。恰恰相反，经济发展水平较高，人均国民生产总值较高的国家和地区，一般说来也都是教育发展快，国民受教育程度和质量较高的国家和地区。❶ 根据世界银行的研究，以世界银行的贫困线为标准，如果家庭中的主要劳动力接受教育年限少于 6 年，则贫困发生率将大于 16%，如果家庭主要劳动力的接受教育年限增加 3 年，贫困发生率会下降到 7%，如果家庭主要劳动力的接受教育年限增加到 9～12年，则贫困率会下降到 2.5%，若家庭主要劳动力教育年限超过 12年，则几乎不会出现贫困状况。❷

中国的贫困问题也与群体受教育程度息息相关。根据《中国农村贫困监测报告 2018》统计，我国贫困发生率与户主平均受教育年限成正相关，户主受教育年限较短的群体贫困发生率明显高于受教育年限长的群体。2017 年我国贫困地区常住劳动力中，不识字或识字不多所占比重为 7.8%，小学文化程度占 34.3%，初中文化程度占 46%，高中文化程度占 8.7%，大专及以上文化程度占 3.2%。同时，户主文化程度为文盲的群体中贫困发生率为 6.7%，户主文化程度为小学的群体中贫困发生率为 4.7%，户主文化程度为初中的群体中贫困发生率为 2.5%，户主文化程度为高中及以上的群体中贫困发生率为 1.4%。❸

---

❶ 李慧勤. 教育脱贫研究［M］. 昆明：云南教育出版社，2000：6.
❷ 詹懿. 我国扶贫存在的问题及对策［J］. 新西部，2019（11）：126.
❸ 同 ❷

  中国一直在不断努力，通过拓展性地尝试多种渠道和方式予以变革，在调整中找寻适合中国的发展之路。新常态下供给侧结构性改革的主要推动力就是推进人才强国战略。党的十九大报告中明确提出，要坚定实施人才强国战略。教育领域重在将教育兴国和科技立国等发展模式纳入国家战略层面，旨在立足长远，通过教育的改革储备适合于中国发展的优质人才资源，提高全民素质，让全体中国人民摆脱底层贫困。

  中国是全球人口大国，拥有强大的劳动力储备，然而，中国的贫困人口数量不容小觑，劳动力素质和受教育水平还有待提高。1949 年，中华人民共和国成立之初，中国的物质基础薄弱，特别是广大农村地区贫困人口非常多，贫困人口受教育程度普遍低下。当时的公共设施极为落后，政府也缺乏扶贫经验。从教育水平来看，1949 年，中国的青壮年文盲率高达 80%。20 世纪 50 年代后期，中国开始逐步推广农村地区的基础教育，改变旧社会对女性接受教育的歧视观念，赋予男女平等的受教育权利，既从思想上解放了妇女，也提高了广大农村妇女摆脱贫困的能力，从整体数量和质量上大大提升了我国的人力资源水平。到 1978 年，我国的青壮年文盲率下降到了 18.5%。改革开放是中国经济领域的一次成功变革，推动农村地区的经济发展为解决贫困人口就业和提升农村生活水平带来了切实的脱贫成效。同时，中国通过基础教育普及工程也让教育脱贫的影响惠及农村、山区等偏远贫困地区。进入 21 世纪，中国的脱贫、扶贫任务进入比较艰难的时期，脱贫速度逐渐减缓。经济发展和经济支援的方式虽然可以短时间内缓解贫困地区的生活困难，但这些帮扶措施属于"输入"式扶贫，难以改变贫困人群自身素质不佳和教育落后导致的贫困代际传递问题。我们应该认识到改变贫困代际传递的根源，需要通过教育帮助贫困人口"自力更生"，实现"造血"式脱贫。从教育入手，实现劳动力素质提升，维护全民享有健康和完善的社会福利，才是中国努力实现的大扶贫观。● 2013 年开始，中国的扶贫战略进入稳定脱贫和精准扶贫阶段，以激发内生动力为重点，关键在于增强个人素质和提升劳动能力，教育成为中国脱贫的治本之策，教育脱贫也是中国改变贫困人口本质的内涵式渠道。

通过教育等综合渠道和扶贫政策的有效措施，中国的脱贫攻坚任务有望顺利实现。根据 2019 年 10 月国务院新闻办公室发布的《中国的粮食安全》白皮书，按现行农村贫困标准计算，2018 年年末，中国农村贫困人口数量剩余 1660 万人，较 2012 年年末的 9899 万人减少了 8239 万人，较 1978 年的 7.7 亿农村贫困人口累计减贫 7.5 亿人。1978—2018 年，按世界银行每人每天 1.9 美元的国际贫困标准，中国对全球减贫的贡献率超过 70%，是世界上减贫人口最多的国家，贡献了巨大的国家力量。

在国际环境充满不确定性的今天，世界上的劳动者、劳动生产资料和劳动关系都在发生巨大变化，中国一直在积极思考如何应对。这些变化直接影响个人和每个家庭的生活，对劳动就业和教育体系的改革指明了方向，事关中国的经济和社会发展，决定着我们的未来。

2019 年，国际劳工组织"全球未来工作委员会"发布了一份关于未来工作的研究报告——《为了更加美好的未来而工作》，为全世界提出了具体应对建议。报告反映了当前普遍关注的问题和争论。据 2018 年盖普索市场调查公司开展的一项全球民意调查——"世界担忧什么？"发现，"失业与贫困"及"社会不公平"自始至终名列

● 程承坪，邹迪. 新中国 70 年扶贫历程、特色、意义与挑战 [J]. 当代经济管理，2019（9）：5.

担忧榜的前 4~5 名。2019 年，在达沃斯世界经济论坛上，国际决策者强调了三个问题和任务：一是重建经济进步和生活水平之间的纽带；二是将经济进步与环境的退化脱钩，如实现绿色增长；三是终止边缘化，以保证绝对无一人掉队，如促进公平。❶ 倡导和推广劳工标准的本质正是为了解决贫困、提高社会保障、促进就业公平等全社会关注的问题。

为应对这些困难，中国应该兼顾经济发展和社会的和谐稳定，走出自己的特色道路。在庆祝国际劳工组织百年华诞之际，2019 年 4 月 11 日，中国人力资源和社会保障部、中华全国总工会、中国企业联合会在北京召开了"共商共建共享劳动世界美好未来"的三方对话会。会议围绕国际劳工组织成立 100 周年和实施以人为本的劳动世界未来议程，就完善劳动治理体系、加强社会对话和国际劳动治理合作进行了研讨。李玉赋代表中华全国总工会致辞，他说，国际劳工组织以其独特的三方性优势，为促进体面劳动、实现社会正义、推动世界和平发展做出了卓越贡献。100 年后的今天，劳动世界面临新的课题和挑战，中国应积极应对。要坚持社会正义，让劳动者公平分享经济发展成果；要奉行三方原则，完善政府、工会、企业共同参与的协商协调机制，构建和谐劳动关系；要秉持多边主义，引导多边对话朝着合作、包容、共赢的方向发展；倡导相互尊重、公平正义、合作共赢的新型国际关系。❷ 李玉赋的讲话表明，中国不仅要完善国内的劳动治理，而且致力于以更加积极的姿态参与国际劳动治理，"引导多边对话"，构建人类命运共同体。

---

❶ 王珂. 马克思主义人本思想及其对中国社会建设的启示 [J]. 赤峰学院学报（汉文哲学社会科学版），2018，39（1）：64.

❷ 林燕玲. 国际劳工组织的历史贡献及其对中国劳动社会保障法制建设的影响 [J]. 中国劳动关系学院学报，2019，33（6）：21-22.

马克思主义教育与生产相结合的理念为我们指明了一条值得尝试的道路，教育脱贫的成效，教育提高劳动者素质、促进就业等解决民生问题的意义已经显现出来。中国在教育改革的趋势上要以实现人力资源的可持续发展为长远目标，努力构建学习型社会，培养有自信、有规划、有梦想的劳动人才。中国也要为进一步有效保障和改善民生，促进全球范围内的体面劳动，贡献中国自己的智慧，提供中国经验，彰显中国的制度优越性。

（二）劳动教育对教育脱贫的政策支持

1. 政策实施背景

中国能否消灭绝对贫困，实现基本普及义务教育、基本扫除青壮年文盲，提高劳动者素质，关键在于能否全面改变贫困地区经济、社会和教育的现状，在此基础上选择有效的教育扶贫政策。

在党的十八大召开后，2013 年由教育部联合国家发展改革委、财政部、扶贫办等部门印发《关于实施教育扶贫工程的意见》，对教育扶贫工程实施背景如此表述："为贯彻党的十八大精神，落实中央扶贫开发工作会议要求和《中国农村扶贫开发纲要（2011—2020年）》《国家中长期教育改革和发展规划纲要（2010—2020 年）》的战略部署，充分发挥教育在扶贫开发中的重要作用，培养经济社会发展需要的各级各类人才，促进集中连片特殊困难地区从根本上摆脱贫困。"《关于实施教育扶贫工程的意见》的指导思想和总体目标方面提出，要"以提高人民群众基本文化素质和劳动者技术技能为重点，推进教育强民、技能富民、就业安民，为全面建成小康社会奠定坚实基础"，要"按照党的十八大提出的基本公共服务均等化总体实现和进入人力资源强国行列的目标，加快教育发展和人力资源开发，到 2020 年使片区基本公共教育服务水平接近全国平均水平，教育对促进片区人民群众脱贫致富、扩大中等收入群体、促进区域经济社会发展和生态文明建设的作用得到充分发挥"。❶ 2016 年，经国务院同意，教育部、国家发展改革委、民政部、财政部、人力资源和社会保障部、国务院扶贫办六部门联合印发了《教育脱贫攻坚"十三五"规划》。教育部发展规划司通过新闻发布会介绍了该规划出台的背景，党中央、国务院高度重视教育扶贫工作，多次强调，治贫先治愚，扶贫先扶智，教育是阻断贫困代际传递的治本之策。国家教育经费要继续向贫困地区倾斜、向基础教育倾斜、向职业教育倾斜。李克强总理也指出，跳出贫困陷阱，根本要靠教育、靠提高贫困人口素质，要加强教育扶贫，对贫困家庭的高中学生，要全部免除学杂费，扩大重点高校面向贫困地区定向招生计划，使贫困家庭学生有更多的机会接受高质量的教育，为贫困地区培养更多人才。同时，积极推动出台《国家贫困地区儿童发展规划（2014—2020 年）》，启动实施教育扶贫工程。2015 年 11 月，中央召开了扶贫开发工作会议，吹响了打赢脱贫攻坚战的号角，明确把"发展教育脱贫一批"列入"五个一批"脱贫举措，赋予重要使命。《教育脱贫攻坚"十三五"规划》中还总结了中国在"十二五"期间教育扶贫工作的进展成效。总的来看，我国贫困地区教育事业发展取得了长足进步，各级各类教育普及水平大幅度提升，教育惠民、富民作用得到了较好发挥。一是促进了贫困家庭子女就业。通过接受教育，贫困人口获得知识和技能，就业能力明显增强，职业教育对贫困家庭子女就业能力的提升作用尤为明显。"十二五"期间，中职毕业生就业率保持在 95% 以上，高职毕业生就业率保持在 90% 以上。

---

❶ 关于实施教育扶贫工程的意见 [EB/OL]. (2013 –09 –12) [2020 –02 –12]. http：// www. cpad. gov. cn/art/2013/9/12/art_50_23748. html.

二是促进了贫困地区产业发展。全国近 60% 的高校布局在贫困地区所在省份，近年来约 50% 的职业院校毕业生在贫困地区就业。通过发展教育，提高了贫困地区人力资源的质量，改善了劳动力结构，为中西部地区承接东部产业转移、加快经济发展提供重要人才支撑。三是促进了社会纵向流动。"十二五"期间全国有数百万个贫困家庭出现了第一个大学生，更多贫困家庭学生有机会接受高质量的教育，为他们改变命运、实现人生出彩创造了条件。❶ 教育扶贫工程和教育脱贫规划都是服务于国家教育改革与发展和扶贫大局的特殊的、明确的举措。

2. 教育脱贫的重要举措

致力于教育的优先发展，改善和提高公众的科学文化素质，应是我国解决贫困问题的战略选择。从本质上讲，物质的贫困，首先是因为精神的贫困，经济的落后根源于教育的滞后。因此，脱贫首先应脱盲，扶贫首先应扶人，提高物质生活水平首先应提高智力水平。事实证明，教育脱贫和教育扶贫是解决贫困问题的治本之举。这一认识和战略选择不仅对目前的贫困地区来说具有重要的现实意义，对于整个社会发展来说也同样具有现实意义。加快经济的发展步伐，尽快提高全国人民的物质文化生活水平，是一个更高层次上的脱贫，其根本途径之一也必然是依靠科技与教育的发展。

《关于实施教育扶贫工程的意见》与《教育脱贫攻坚"十三五"规划》是我国目前主要遵循的两份教育脱贫政策文件，其中《教育脱贫攻坚"十三五"规划》重点为我们指出了落实教育脱贫政策的

---

❶ 教育部发展规划司.《教育脱贫攻坚"十三五"规划》有关情况 [EB/OL]. (2016 - 12 - 29) [2020 - 02 - 12]. http://www. moe. gov. cn/jyb_xwfb/xw_fbh/moe_2069/xwfbh_2016n/xwfb_161229/161229_sfcl/201612/t20161229_293358. html.

三方面举措。

第一，整合存量资金向贫困地区和建档立卡等贫困人口倾斜。根据国家财政体制改革和有关政策精神，对现有教育存量资金进行结构方向和着力点的适度调整，优先保障贫困地区教育事业发展和建档立卡等贫困家庭子女受教育的需要。一是省级统筹学前教育资金向贫困县倾斜。二是加快推进贫困地区全面改善农村薄弱学校基本办学条件，引导和支持地方于 2017 年年底前完成贫困县全面"改薄"任务。三是鼓励地方扩大营养改善计划试点范围，实现贫困县全覆盖，中央财政给予奖补支持。四是特岗计划优先满足贫困县的需要，国培计划优先支持贫困县乡村教师校长培训。五是省级统筹现代职业教育质量提升计划等中央资金和地方相关资金，重点支持贫困地区每个地级市（州、盟）至少建设好一所符合当地经济社会发展需要的标准化中等职业学校。六是普通高中改造计划和教育基础薄弱县普通高中建设项目优先支持贫困县普通高中改善办学条件。七是完善从学前教育到高等教育的资助体系，实现建档立卡在学人口的全覆盖。八是继续实施贫困地区定向招生专项计划、地方专项计划和高校专项计划，同等条件下优先录取建档立卡等贫困家庭学生。

第二，启动实施新的教育脱贫政策。《国家中长期改革和发展教育规划纲要（2010—2020 年）》和国家"十三五"规划均提出，到 2020 年实现普及高中阶段教育。作为提升教育脱贫能力的重要手段，加快发展贫困地区高中阶段教育特别是中等职业教育尤为重要。一是实施中等职业教育协作计划，支持建档立卡等贫困家庭初中毕业生到省外经济较发达地区接受中等职业教育，在享受免学费和国家助学金政策的基础上，各地给予必要的住宿费、交通费等补助，帮助这些学生完成学业，实现就业。二是启动实施职教圆梦行动计划，省级教育行政部门统筹协调国家示范和国家重点中职院校，选择好就业的专业，单列招生计划，针对建档立卡等贫困家庭子女招生，让贫困学子掌握实用技能，脱贫致富、服务家乡。三是免除公办普通高中建档立卡等家庭经济困难学生的学杂费。四是各地要加大对贫困地区普通高中的投入力度，逐步建立健全普通高中生均拨款制度。

第三，核准建档立卡教育人口底数。教育部会同国务院扶贫办开展建档立卡贫困人口数据库与学籍系统、资助系统等教育数据库的对接工作，实施建档立卡学生信息化管理项目，进一步摸清建档立卡各学龄段人口的底数，加强动态跟踪，掌握其就学状况、受资助状况、就业状况等，为教育脱贫政策精准实施、脱贫资金精准投放提供支撑。

2018 年，按照党的十九大关于打赢脱贫攻坚战总体部署，为落实中共中央、国务院《关于打赢脱贫攻坚战的决定》的进展和实践中存在的突出问题，中共中央、国务院进一步出台了《关于打赢脱贫攻坚战三年行动的指导意见》。文件中将"着力实施教育脱贫攻坚行动"作为一项精准帮扶举措予以了明确阐述："以保障义务教育为核心，全面落实教育扶贫政策，进一步降低贫困地区特别是深度贫困地区、民族地区义务教育辍学率，稳步提升贫困地区义务教育质量。强化义务教育控辍保学联保联控责任，在辍学高发区'一县一策'制定工作方案，实施贫困学生台账化精准控辍，确保贫困家庭适龄学生不因贫失学辍学。全面推进贫困地区义务教育薄弱学校改造工作，重点加强乡镇寄宿制学校和乡村小规模学校建设，确保所有义务教育学校达到基本办学条件。实施好农村义务教育学生营养改善计划。在贫困地区优先实施教育信息化 2.0 行动计划，加强学校网络教学环境建设，共享优质教育资源。改善贫困地区乡村教师待遇，落实教师生活补助政策，均衡配置城乡教师资源。加大贫困地区教师特岗计划实施力度，深入推进义务教育阶段教师校长交流轮岗和对口帮扶工作，国培计划、公费师范生培养、中小学教师信息技术应用能力提升工程等重点支持贫困地区。鼓励通过公益捐赠等方式，设立贫困地区优秀教师奖励基金，用于表彰长期扎根基层的优秀乡村教师。健全覆盖各级各类教育的资助政策体系，学生资助政策实现应助尽助。加大贫困地区推广普及国家通用语言文字工作的力度。开展民族地区学前儿童学习普通话行动。"同时还强调了另一项关于教育扶贫的举措，提出要开展扶贫扶志行动："加强教育引导，开展扶志教育活动，创办脱贫攻坚'农民夜校''讲习所'等，加强思想、文化、道德、法律、感恩教育，弘扬自尊、自爱、自强精神，防止政策'养懒汉'、助长不劳而获和'等靠要'等不良习气。加大以工代赈实施力度，动员更多贫困群众投工投劳。"

进入 2019 年，中国集中力量动员教育系统，最大限度调动资源，聚焦义务教育脱贫工作，努力通过发展教育，强力推进控辍保学，辍学人数大幅下降。其中建档立卡的贫困家庭义务教育阶段辍学学生从 2018 年的近 20 万人下降至 1.1 万人。重点高校专项计划招收农村和贫困地区学生 11 万余人。75 所教育部直属高校全部投入扶贫工作，通过特岗计划、教师支教、引领讲学等，共向农村贫困地区输送十几万名教师。中国在教育脱贫方面取得了巨大成就。

我们需要考虑到的是，致贫不是单因单果，扶贫也可以与其他政策形成合力，通过综合手段与途径施策。教育扶贫与产业扶贫、健康扶贫、科技扶贫、文化扶贫结合起来的五位一体政策，都能够实现提升人的能力素质。

3. 教师是教育脱贫依赖的主体

人既是中国脱贫攻坚的对象，也是实施扶贫开发政策的主体。

党和国家制定一系列政策，指导并推动贫困地区教育事业加快发展，也非常重视教师队伍的素质培养及能力提升。只有保障教育事业从业者的数量充裕、教育水平达标，才能让贫困地区每个孩子都能接受良好教育，进而实现各个学习阶段的人才培养目标，为中国的社会发展带来高素质、有能力的劳动力资源。据统计，目前我国拥有各级各类专任教师 1663 万人，其中高等院校教师 167 万人，中等职业学校教师 83 万人，普通高中教师 181 万人。❶他们构成了覆盖中国城乡区域人才网络，在教育脱贫的政策实践中发挥着重要作用。

（三）劳动教育实践教育脱贫的阶梯性发展

中国的教育脱贫没有脱离实际，是遵循教育发展水平，在循序渐进过程中逐渐提升脱贫目标的，并不断拓展教育帮扶的人群类型。经历了几十年的摸索发展，中国目前的教育脱贫政策逐步覆盖各个阶段的教育，包括学前教育、义务教育、高中教育、职业教育，以及成人就业培训等，中国正在努力构建适于全民的、终身的教育体系。

1985 年，中共中央颁布的《关于教育体制改革的决定》中提出，"约占全国人口 1/4 的经济落后地区采取各种形式积极进行不同程度的普及基础教育工作"。1994 年，在《中国教育改革和发展纲要》中，明确了对于"约占中国总人口 5% 的特别贫困地区，要普及三至四年的小学教育"。2001 年，国务院《关于基础教育改革与发展的决定》进一步明确了"占全国人口 15% 左右、未实现'两基'的贫困地区要打好'两基'攻坚战，普及初等义务教育，积极

---

❶　窦现金. 充分发挥教育在脱贫攻坚战中的支撑引领作用 [J]. 中国农村教育，2019（6）：7.

推进九年义务教育和扫除青壮年文盲，适度发展高中阶段教育，积极发展学前一年教育"。2014 年，国务院办公厅《关于印发国家贫困地区儿童发展规划（2014—2020 年）的通知》中提到的基本目标为："到 2020 年，集中连片特殊困难地区儿童发展整体水平基本达到或接近全国平均水平……学前三年毛入园率达到 75%。义务教育巩固率达到 93%，教育总体质量、均衡发展水平显著提高。视力、听力、智力残疾儿童少年义务教育入学率达到 90%。"2016 年《中华人民共和国义务教育法》修订版颁布后，中国对义务教育阶段家庭经济困难学生实行"两免一补"政策，因贫失学现象大大减少。中国的文盲劳动力基本消失，农村青壮年劳动力人口绝大部分也都接受过义务教育，但仅仅接受过义务教育还不能满足中国的经济社会发展对劳动力人文素养、职业能力等方面的要求。虽然我国高等教育连年扩招，2018 年全国普通本专科共招生近 800 万人，但是这一数目相对于两亿农村剩余劳动力来说仍然是杯水车薪，而且接受高等教育对他们来讲门槛太高。❶ 近年来，我国开始重视职业教育的发展，然而目前的体制内职业教育学校数量偏少，对广大农村劳动力来说同样存在门槛较高的问题，而且大多数职业教育的专业也不适合农村进城务工人员。要破解这个难题只有依靠发展针对进城农民工的终身教育培训。终身教育为每个社会成员提供学习机会，能够有效地保护弱势劳工群体的受教育权。通过持续性的职业技能教育使农村转移劳动力有能力掌握岗位技能知识，真正融入新型市民化的职业环境中。中国所倡导的终身教育涵盖了职业技能教育，更重要的目标在于提升农村剩余劳动力的职业及生活学习能力，帮助他们更好地融入城市生活。这种帮助农村剩余劳动力掌握职业技能

---

❶ 王金国．人口红利转型期终身教育的机遇与变革［J］．成人教育，2020（1）：14.

和学习能力的终身教育在改善劳工标准进程中具有内生性的动力和重要意义。❶

　　与此同时，教育脱贫涉及的领域也逐渐拓展。2017 年，国务院《关于印发国家教育事业发展"十三五"规划的通知》中，教育脱贫攻坚行动计划不仅包含"省级政府统筹学前教育资金向贫困县倾斜""实现家庭经济困难学生资助全覆盖"等教育财政投入要求，"支持各地 2017 年底前完成贫困县全面改善农村义务教育薄弱学校基本办学条件任务"等义务教育发展要求，还进一步延伸到"加快发展职业教育，因地制宜，分类推进，让贫困地区每个劳动者都有机会接受适应就业创业需求的职业教育和培训"等劳动者职业教育方面的教育扶贫政策，以及"继续实施支援中西部地区招生协作计划、农村和贫困地区定向招生专项计划，扩大农村贫困地区学生接受优质高等教育机会。进一步支持赣南等原中央苏区和其他重点贫困革命老区教育发展"等高等教育扶持政策。

　　在不同教育阶段的教育扶贫政策内部也形成了相对完善的多层次结构，体现出政策制定的纵深性。以义务教育阶段教育扶贫政策为例，改革开放 40 年来教育扶贫在义务教育阶段形成了包括全面改善贫困地区义务教育薄弱学校基本办学条件（简称"改薄计划"）、农村义务教育学生营养改善计划（简称"营养餐计划"）以及乡村教师支持计划等在内的多项扶贫计划。这些计划自提出之日起持续发挥作用，教育扶贫政策也不断追踪贫困人口教育需求，逐年完善、细化为教育扶贫计划的实施细则，为具体的教育扶贫工作提供有力

---

❶ 郑爱翔，吴兆明，王振华. 农村转移劳动力市民化进程中的终身职业教育研究 [J]. 教育与职业，2015（31）：12 – 16.

指导。❶

　　总而言之，一个国家的贫穷、落后，国民整体素质的低下对社会发展会起到源头性的制约作用，治标先治本，我们可以在教育层面寻找解决之道。依靠教育的发展来促使经济的发展，通过教育的优先发展取得教育优势，由教育优势转化为人才优势，由人才优势再转化为经济优势，从而摆脱贫困，这是许多原来经济落后的国家和地区经济发展的成功之路，也是世界发展的重要特征和未来趋势。

　　教育脱贫是以发展中的各级各类教育为手段，以贫困者和贫困现象为对象，以提高贫困者的文化素质、技术技能为目标，以贫困者彻底脱贫为旨归的动态过程。❷ 要彻底摆脱贫困，必须注重以教育为主的人力资本开发，通过文化教育提高贫困人口的科学知识和劳动生产力。通过加大教育投入力度，大力发展农村教育，促进教育资源向贫困地区、贫困人口倾斜，有助于隔断贫困的代际传递。贫困人口文化知识素质的提高，一方面可以提高其摆脱贫困的愿望；另一方面也有助于提高其劳动能力，从而有助于根除贫困。❸ 教育程度能够影响个人在劳动力市场的收益和收入增长。具备高学历、技术能力替代性弱的员工更有机会获得工资水平的持续上升，而学历低、技术替代性强的员工则不容易获得工资水平的提高，甚至低技能员工的失业频率和失业时间都更长。技能的形成需要经历长期的学习和实践，是一种协同性的动态过程，学校教育则是培育个人掌握一项技能的重要渠道，几乎占到现代经济所需技能的 1/3 到 1/2。其中认知技能主要通过学校教育获得，而非认知技能则主要通过工

　　❶ 赵括，张晓京. 改革开放 40 年我国教育扶贫政策变迁及其经验 [J]. 中国人民大学教育学刊，2019（1）：22–23.
　　❷ 范小梅. "教育扶贫"概念考辨 [J]. 教育探索，2019（4）：2.
　　❸ 程承坪，邹迪. 新中国 70 年扶贫历程、特色、意义与挑战 [J]. 当代经济管理，2019（9）：7.

作实践以及与他人的交流获得。这两项技能对于人们的就业和生活都具有重要作用。❶

教育是面向未来的，其不仅提升了人的生产能力，促进全社会人力资源总量的增加，还为社会阶层流动与劳动力转化提供了前提。教育扶贫政策的根本依据是人的全面发展，无论是关注特殊群体的资源禀赋与文化环境，缓解弱势群体的能力贫困，还是增进贫困人口的经济资本和文化资本，阻断贫困的代际传递，都紧紧围绕着"人"这个重心，以每个人公平、全面发展的方式减少阶层差距。因此，充分认识教育"国之大计、党之大计"的价值和"优先发展"的地位，发挥教育基础性、先导性作用，是实现社会公平和谐的关键路径。❷

我们在意识到教育是改变中国贫困问题的内生性动力之后，还可以继续发掘教育对中国解决劳工标准问题的积极影响，从本质上改善中国劳工标准的方方面面。教育涉及的领域广泛且深远，能够潜移默化地发挥作用。通过教育可以引导和培养中国人的劳动观、就业观，在中国教育改革背景下倡导"以人为本"的科学育人理念，引领教育趋势向着为全社会、全民族带来完善保障的层面不断进化发展。

四、中国劳动力市场及就业情况

中国继 1978 年改革开放以来，一直致力于将大量低技能农村劳

---

❶ 窦现金. 充分发挥教育在脱贫攻坚战中的支撑引领作用 [J]. 中国农村教育，2019（6）：6-7.

❷ 赵括，张晓京. 改革开放 40 年我国教育扶贫政策变迁及其经验 [J]. 中国人民大学教育学刊，2019（1）：29.

动力转化为促进出口导向型产业发展的引擎，从而帮助实现减贫目标。中国成功实现了快速的经济增长，劳动者获得了实际工资的增长，还稳步扩大了能够自主摆脱贫困的中产阶级队伍。目前，中国劳动力市场的人才供应与产业需求进一步匹配，但是有必要重视人口结构老龄化、企业对高技术劳动力和高素质人才的强烈需求及大学毕业生更期望找到符合所学技能工作、农村劳动力群体更多寻求进入城市劳动市场等诸多发展趋势所带来的就业问题。劳动市场的发展动向取决于中国正在经历的技术变革的特点和速度，这与中国的经济改革紧密相关，使得劳动力市场中的各方都有必要认真判断这些变化的短期和长期影响。

20世纪90年代中期，中国采用宏观经济调控的模式实施经济改革，逐步转入市场经济体制。随之牵动了国有企业改组、社会服务与保障及社会安全等方面的转型。中国市场的内需不足问题成为最凸显的困扰。虽然从1998年开始，我国已经采取了若干刺激政策，包括增加财政支出扩建公共设施、提高最低工资标准、削减投资税费等，但是经济增长与收入分配的增速并不协调，就业情况也面临越来越大的压力，社会安全和保障体系不被信任等都成为社会的沉重负担，尤其是低收入家庭更难以承受，社会需求程度自然陷入更谨慎的地步。

在我国，各种所有制企业的平均工资与实际工资比率是在逐年上涨的，但是，相比于国有企业职工的平均工资水平增长率，城镇企业和其他所有制企业的员工工资是在相对下降的，也就是社会收入分配的差距在逐渐拉大。

按照具体行业进行划分，从事农、林、牧、渔业，采矿业，建筑业等低端技术工作的工人工资与全民平均工资的比率呈现一定的下降趋势，银行、科研电信和地产业等专业化的行业工资提升幅度较大，其余行业的工资比率变化较小。目前我国各行业间的收入差距，往往不是单纯的市场竞争形成的，很多是由市场准入方面的行政限制和行业垄断带来的。而职工平均工资较低的几个行业：农林牧渔业、住宿餐饮业、建筑业、水利环境业、批发和零售业、制造业、居民服务业，都是竞争性行业。

中华人民共和国成立 70 多年来，随着我国经济总量的大幅提高，人均国民总收入（GNI）水平也大幅提升。据世界银行统计，1962 年，我国人均 GNI 只有 70 美元，到 1978 年也只达到 190 美元。但改革开放后，人均 GNI 水平大幅提升。2001 年突破 1000 美元，2008 年又迈上新的台阶，达到 2770 美元，比 1962 年增长了 38.6 倍。人均 GNI 水平与世界平均水平的差距逐渐缩小，1978 年相当于世界平均水平的 10.1%，2008 年相当于世界平均水平的 32.3%，比 1978 年提高了 22.2 个百分点。在世界银行 209 个国家和地区的排序中，中国位次由 1997 年的第 145 位提升到 2008 年的第 130 位。国家统计局于 2019 年 7 月发布《新中国成立 70 周年经济社会发展成就系列报告之一》，其中提到，2018 年，中国人均国民总收入达到 9732 美元，已经高于中等收入国家平均水平。中国近几年一直重视通过提高各省的每月最低工资标准及小时最低工资标准来指导各地区保障劳动者的最低工资水平，根据人社部官方数据显示，截至 2019 年 6 月，上海月最低工资标准为 2480 元，属全国最高；青海省月最低工资标准为 1500 元，属全国最低。北京小时最低工资标准为 24 元，属全国最高；湖南、云南两省小时最低工资标准为 15 元，属全国最低。尽管在最低工资标准上中国与发达国家还有一定差距，但中国一直在努力为广大劳动者提供基础性的社会福利保障，努力提高全民工资水平。

劳动力成本低是中国过去的比较优势，也是中国必须经历的经济发展阶段性状态。在顺应国际竞争形势，尽可能发挥本国比较优势，逐步实现国家竞争力提升的过程中，劳动者工资水平应当根据一定的经济发展速度获得相应提高，因为劳动力工资过低也会损害企业效益。赖德胜教授提到了经济学领域的效率工资理论，该理论揭示的是劳动者工资水平与劳动效率之间的关系，认为增加工资可以有效地提高制造业工人的劳动效率。美国经济学家戴维·罗默是这一经济理论的支持者，他提出四点能够阐述更高的工资水平帮助提升劳动效率的原因：第一，高工资能增加工人的消费能力，主要改善工人的营养状况，从而提高劳动效力；第二，高工资还能促进工人的积极工作状态，提高投入工作的努力程度；第三，高工资有助于培养工人对企业雇主和厂商的忠诚度；第四，高工资能激发工人的潜在能力发挥。总之，该理论认为如果支付给劳动者的工资水平高于市场平均标准，企业反而能取得劳动总成本最小、利润最大的效果，国家也能拉动内需和改善国民消费结构。

国际劳工组织在 2019 年纪念其成立百年之际，提出了劳动世界的未来百年举措，中国尤其关注其中涉及就业方面的议题。在《国际劳工组织关于劳动世界的未来百年宣告》中提到，目前国际劳动世界正面临着由技术创新、人口结构转变、环境与气候变化和全球化驱动带来的根本性变革，在一段时期内依然会持续存在不平等现象，这对劳动世界的性质和未来，以及对身在其中的人民具有深刻影响。当务之急是立即行动起来，抓住机遇，应对挑战，创造一个公平、包容和安全的劳动世界，使人人享有充分的，能自由选择的生产性就业机会和体面劳动。这样一种未来的劳动世界对于实现终结贫穷、不让任何人掉队的可持续发展目标至关重要。国际劳工组织在其存续发挥效用的第二个百年间，致力于进一步采取以人为本构建劳动世界未来的方法，将工人的权利和所有人的需求、向往和权利置于经济、社会和环境政策的核心，坚持不懈地推进国际劳工组织章程赋予的社会正义使命。中国的社会发展也一直遵循着"以人为本"的信念原则，为进一步发展坚持以人为本构建劳动世界的方式，需要提升每个劳动者的能力，以便让所有人能够在未来劳动世界的变化中受益更多。国际劳工组织呼吁成员国在适合本国国情的基础上从以下四个方面予以完善。一是有效实现在机会和待遇上的性别平等；二是面向所有人提供有效的终身学习及优质教育；三是让劳动者普遍获得全面和可持续的社会保护；四是建立帮助人们顺利度过工作生涯转型期的有效措施。❶

　　中国近几十年来在上述四个方面都付出了很大努力，也取得了令人瞩目的成效。例如，在教育方面，职业教育体系日趋受到重视，学校资源和教师队伍的建设都得到了明显的加强。通过建设完善的职业教育和技工教育体系，以及加强劳动力市场治理来不断促进就业机会的产生和提升劳动力工资待遇。办好人民满意的教育始终是我国教育事业发展坚持的核心思想，坚持不懈推进优质教育资源的公平分配，逐步建设完善的终身教育体系。同时，中国在改善女性就业渠道方面也逐步取得进展，根据国际劳动组织报告显示，过去十多年以来，中国女性在第三产业和第二产业就业率增加了25%，公共部门中位居中层管理职位、专业和技术岗位的女性比重增加了13%，此外中国女性的创业人数持续增长，约占中国创业人口总数的四分之一。"十三五"规划提出了社会和经济增长的新模式。当前，受地方消费和第三产业就业增长的驱动，经济正在向更高技能生产模式转化，从而使工人通过更高的工资和社会利益分享增长收

---

❶　国际劳工大会. 国际劳工组织关于劳动世界的未来百年宣告 [R/OL]. (2019 – 06 – 21) [2020 – 03 – 27]. https：//www. ilo. org/wcmsp5/groups/public/ – ed _ norm/ – relconf/documents/meetingdocument/wcms_714054. pdf.

益。在新的全球经济背景下，中国制造业被卷入全球供应链，劳动者的工作和福利待遇将较少受国家力量影响，而是更多地受到市场力量牵引。在这种情况下，建立改善就业质量的机制与为日益城镇化的工作人群创造就业机会同样重要。就业形势对于维持家庭收入和生活标准成为最关键的要素。在"十二五"规划期间，中国城镇地区创造了 6400 万就业岗位，每年约 1200 万，城镇登记失业率维持在 4% 左右。"十三五"规划提出，要在城镇新增就业岗位 5000 万以上，将城镇登记失业率控制在 5% 以内，并实施有针对性的措施帮助弱势求职者，加强社会保护并改善就业质量。其中专门提到要提高大学毕业生的就业能力，实际上，在大学生的培养目标中应当加强职业发展教育和就业观指导教育。

当前，中国在就业结构和人力资源的有效分配方面还存在一些问题。例如高端技术型企业在拥有成熟技术的员工方面呈短缺状态，还有众多大学毕业生所从事的第一份工作与所学专业不对口，这些都反映出现有的就业结构存在一定程度的不平衡，因此"十三五"规划特别强调提升就业质量的意义。过去，充分的就业机会主要靠高速增长的经济拉动，随着经济增长"新常态"，中国经济驱动力稳步向更高技能生产模式转移，经济增长和就业增长的关系发生了变化。从积极的角度看，中国经济日益发展，劳动力分配更加复杂，经济也更加多元化。现在，中国需要通过使工人从低技能向高技能产业转移来促进经济增长。同时，中国有很好的投资机会，有充分的资源支持海内外投资以及最终创造就业机会。未来和谐的劳动关系取决于劳动力市场机制的创新，即既能保障收入和创收能力，又能促进就业能力的提升。提升就业质量的行动可以有效应对中国就业结构方面的问题，并能推动就业机会实现可持续增长。

第七章

新时代劳动教育与中国教育发展趋势

　　由中共中央、国务院印发的《中国教育现代化 2035》中提出，推进教育现代化的总体目标是：到 2020 年，全面实现"十三五"发展目标，教育总体实力和国际影响力显著增强，劳动年龄人口平均受教育年限明显增加，教育现代化取得重要进展，为全面建成小康社会作出重要贡献。在此基础上，再经过 15 年努力，到 2035 年，总体实现教育现代化，迈入教育强国行列，推动我国成为学习大国、人力资源强国和人才强国，为到 21 世纪中叶建成富强民主文明和谐美丽的社会主义现代化强国奠定坚实基础。2035 年主要发展目标是：建成服务全民终身学习的现代教育体系、普及有质量的学前教育、实现优质均衡的义务教育、全面普及高中阶段教育、职业教育服务能力显著提升、高等教育竞争力明显提升、残疾儿童少年享有适合的教育、形成全社会共同参与的教育治理新格局。❶ 可以看出，中国的教育发展在朝向实现现代化强国的轨道上努力前行，需要重视普遍提高劳动力的受教育水平，同时建设全民终身学习的教育体系，在各个教育阶段做好教育同劳动的衔接培养，有益于全社会的现代化进程。

---

　　❶ 中共中央、国务院印发《中国教育现代化 2035》［EB／OL］.（2019 – 02 – 23）［2020 – 02 – 18］. http：//www. moe. gov. cn/jyb_xwfb/gzdt_gzdt/201902/t20190223_370857. html.

一、坚持"以人为本"的教育理念

（一）"以人为本"是教育发展的趋势

"以人为本"思想是科学发展观理论的本质和核心，是在马克思主义理论的指导下，把人作为社会发展的主体和目的，提出了人的全面、协调、可持续性发展的目标，并强调对人的关注和重视。以人为本，就是以人为中心，一切为了人，一切依靠人，坚持人的自然属性、精神属性和社会属性的辩证统一。"以人为本"思想包含以下三层含义：第一，以人为本充分肯定人在社会发展中的主体地位与作用。关注人的价值和意义，强调人的全面、自由和协调发展。第二，以人为本是一种价值取向，即强调尊重人、解放人、依靠人、为了人和塑造人。第三，以人为本是一种思维方式，要求我们在分析、思考和解决一切问题时，既要坚持运用历史的尺度，也要确立并运用人的尺度，既要关注人的生活世界，也要对人的生存和发展的命运确立起终极关怀。

上述对"以人为本"的涵义的解读是侧重从人的要素层面来阐释，表现出在明确人的主体地位基础上的对人本身的尊重，主要包括人的生命、人的权益、人的个性以及人的尊严，等等。具体地来说，尊重人的生命，也就是让人的生命价值高于一切；尊重人的个性，也就是让人的个性能得到健康培养与塑造；尊重人的利益和权利，也就是让人能够行使自己的合法权利并获取正当的利益；尊重人的自由，也就是让人始终能保持强烈的自主意识和自主能力；尊重人的尊严，也就是让人不再成为被控制、被奴役和被宰割的对象或工具，使每个人都有自己的人格、个性和尊严。总之，人人都是

人格的主体，都有人格的尊严。❶

　　作为一种理念，以人为本可以运用到人类社会活动的各个领域。我们的研究重点关注在中国的教育领域，通过强调"以人为本"的教育理念，引领全面发展的人才培养趋势，努力完善中国的劳工权益保障，构建中国的和谐劳动关系。当前，我国教育事业的改革与发展，不仅面临着要适应国家经济社会转型、发展并为其服务的问题，而且面临着教育自身的改革与创新的问题。无论从经济社会发展对教育的要求还是从教育自身的发展来看，当前教育的改革与创新必须坚持以人为本，必须树立以人为本的教育观。

　　中国的教育理念一直围绕"以人为本"的思想不断进化发展，从尊重人的自身发展，坚持"自由教育"，到实施以学生为中心的"生本教育"。教育一直在发展，学校和教师的课堂教育以及家庭教育都要相应地更新教学方式与理念，顺应社会的整体变化趋势。

（二）"以人为本"强调的对象和主体

　　教育是培养人的社会活动，教育活动离不开人，人既是实施教育的主体，也是接受教育的对象，体现教育价值的产生与归宿。❷ "以人为本"是教育的出发点，也是教育培养人的本质目标。在教育活动中，人无疑处在中心的位置。一方面，教育肩负着向受教育者传播"人是根本"理念的使命，使他们懂得和学会尊重人、关心人、相信人；另一方面，教育管理、教学活动、教育内容都应当体现对人的尊重和关注，应当有利于调动和发挥人的积极性、主动性，有利于人的才能的发挥，有利于人的健康成长。

---

　　❶　王畅. 以人为本指导下大学生思想政治教育方法研究 [D]. 沈阳：辽宁大学，2014：28 - 29.

　　❷　张阳. "以人为本"教育理念的认识 [J]. 才智，2019（6）：158.

"以人为本"的教育理念体现在育人目标方面，首先最应该重视的就是学生本身。教育的对象是学生，以人为本就是教育的各级各类主体，特别是与学生最为亲密的教师，要用心关注到每一位学生，尊重和关心每一位学生，以促进学生的全面发展为根本任务。在现代教育中，我们要注重培养学生在德智体美劳五个方面得到较为均衡的综合性发展，只有了解和掌握每个阶段学生本身的客观实际状况，才能有效地进行教育，实现教育目标和人才培养目标。在教育过程中，教师要重视人的各种因素，一方面要了解学生的身心发展水平和思维能力，另一方面也要关注学生的价值观取向。教师要把关注学生的发展放在首要位置，运用教师一切的教育技能去激发学生的才能。[1] 在充分了解并激发学生本身的才能之后，教师还应该帮助学生培养他们的社会性。人的本质是各种社会关系的综合，因此社会性的首要体现就是人际交往，学生也是社会的成员，要学会与别人融洽相处。学生在走出校园实现就业之后承担着社会发展与变革的重任，他们不仅要认识社会、了解社会和适应社会，更要发挥自身价值建设社会和改善社会。为社会造就高素质的人才，培养人丰富的社会属性也是教育的使命。与此同时，教育应当鼓励学生个体的个性化发展，让每一位学生都能展现自我的独到之处，发挥特长。教师需要站在学生的角度理解他们的意愿和需求，帮助学生解决困难和困惑，在教育活动的过程中充分体现以人为本的教育理念。对待层次和个性不同的学生，要因材施教，运用适当的教学方法调动学生的学习兴趣和积极性，解决学生的问题。教师要帮助学生构建全面的知识结构，拓宽拓深学生的认知领域，培养学生的创新能力和创新意识，鼓励学生增加课外实践机会，从而增强其实践能力

---

[1] 李琼. 浅析"以人为本"的教育理念 [J]. 科学咨询, 2019 (20): 14.

和适应能力。在以人为本的教育理念下，教师要激发学生对真善美的向往，从知识、能力、素质等多方面对学生的综合素质进行培养。

"以人为本"的教育理念需要通过教师得以落实，所以也应当重视教师自身的发展，让教师在教育行业各显其能，发挥自己的优势。为此，我们要调动教师的积极性，发扬教师对事物的创新精神，激发教师不断地探索知识，让教师在教学中能展现自己的能力，在授课中能给学生营造学习的氛围。我们在重视教师物质需求的同时，更要重视教师的精神需求，增强教师对待教育工作的热情。"以人为本"的教育理念要求教师通过改变教学理念、教学方法来调动学生对学习的积极性，培养学生积极动脑及动手的能力。根据社会的发展需要，教师要增强学生对社会的认知，使其积极探索新的事物，增强分析和解决问题的能力。例如，教师不但要在课堂上教学生知识，也要在课余时间让学生注意对周边事物进行观察，使其在观察中发现问题、思考问题并解决问题，做到敢于创新，勇于创新。教师要帮助学生解决困难，还要与学生多沟通、多交流，让学生把学习变成主动性的行为，这样才能发挥学生的积极性，激发其对学习和知识的兴趣，从而促进教育事业的发展。树立"以人为本"的教育理念，要让教师转变观念，成为学生学习上的引导者。教师是教育内容的研究者。在不断的探究与创新中，教师要抓住重点，不断探究新的教学方式和方法，以此来增强学生对新知识的接受能力。教师要不断地发展自我、超越自我，这样才能培养出优秀的人才，适应社会的发展需要，从而把培养人作为一项根本任务来完成。

（三）"以人为本"是课程教材改革的方向

教育以育人为己任，教育的工作就是做人的工作。以人为本，就需要我们的教师去关注并研究每一位学生的差异，以便找到个性化教学的科学依据。传统教学中注重的是知识的传授，而新课程改革从注重知识传授转向注重学生的全面发展，突出培养学生的创新能力、实践能力、获取新知识的能力、收集处理信息的能力、分析解决问题的能力，以及与人交流协作的能力，发展学生对自然和社会的责任感，还要求每个学生拥有健康的身心，优良的品质和终身学习的愿望与能力，科学和人文素养，养成健康的审美情趣和生活方式。新的课程教材应当突出以人为本，以学生发展为本，重视培养学生的良好个性和健全人格，同时再一次明确学生是学习的主体，强调关注学生的个体差异和不同的学习需求。这些都体现了时代发展对课程教材的新要求，也是教育领域的一种新理念。

"以人为本"的教育思想主张从内部考察教育的本质，揭示教育的特点与规律，通过教育活动发现人的价值，发挥人的潜能，发展人的个性。"育人"是教育的根本价值和目的，培养"自觉的，自动的，发展的，创造的，社会的"现代中国人，"使学生能做人，能做事，成为健全的公民"是教育者所要达到的终极目标。

二、加强大中小学劳动教育

2019 年 6 月，国务院印发《关于深化教育教学改革全面提高义务教育质量的意见》，文件中将"劳动教育"与德智体美并举，成为"五育"之一。2019 年 11 月，中共中央全面深化改革委员会审议通过了《关于全面加强新时代大中小学劳动教育的意见》，进一步强调坚持立德树人根本任务，把劳动教育纳入人才培养的全过程，贯通大中小各学段，贯穿家庭、学校、社会各方面，把握育人导向，遵循教育规律，创新体制机制，注重教育实效，实现知行合一，促进学生形成正确的世界观、人生观、价值观。教育部副部长郑富芝表示，劳动教育是当前整个教育体系当中的短板，必须加强，而要加强就要先进行顶层系统设计，明确劳动教育到底怎么搞。郑富芝说："第一点是要把劳动教育作为义务教育阶段的必修课，必须要开展劳动教育；第二点是要有专门的劳动教育的课时，要有具体的时间规定和要求，按照规定和要求开足开好劳动教育课。"

新时代，我们对劳动教育的理解不是单纯地开展劳动实践活动，也不能对全国城乡学生作统一的规定，劳动教育的内容范围和形式都需要进一步细化研究，具体的落实措施还有待探讨。在《关于全面加强新时代大中小学劳动教育的意见》中，劳动教育被确定为社会主义教育制度的重要内容。郑富芝表示，劳动教育形式上不能一刀切，要宜农则农、宜工则工，达到劳动教育的目的最为重要。郑富芝说："我们最近研讨在学校搞劳动教育不是单纯的劳动，和工人和农民的劳动不完全一样，劳动是措施、是载体，主要是要通过劳动达到劳动教育的目的，培养孩子们正确的世界观、人生观和价值观，弘扬劳动精神，形成对劳动的正确态度和看法，养成热爱劳动的习惯。"教育部教材局有关领导表示，下一步，劳动教育将贯穿融合到各个学科的分散教育中，并加强教师的劳动教育培训，出台家庭是基础、学校为主导、社会支持的一系列政策措施。❶

关于劳动教育的概念，我们可以理解为"关于劳动的教育"，包括培养学生正确的劳动观点和劳动态度，使他们尊重劳动，懂得劳动的伟大意义，具有热爱劳动和劳动人民的情感，养成良好的劳动习惯，具备胜任生产劳动的基本知识、技能等。也可以理解为"通过劳动的教育"，让学生通过生产劳动的实际锻炼，全面提升德智体

---

❶ 教育部：劳动教育将纳入大中小学必修课 正在研究相关评价方式［EB/OL］.
（2019－12－08）［2020－02－17］. http：//china. cnr. cn/yaowen/20191208/t20191208_
524888665. shtml.

美各方面素质。完整的劳动教育应该是"关于劳动的教育"与"通过劳动的教育"的有机统一,既要强调关于劳动的思想教育、知识技能培育,又要注重劳动实践锻炼。❶ 劳动教育的主要目标应该放在以下重点方面:第一,培养学生了解人类的历史首先是生产发展的历史,是劳动人民创造的历史;懂得辛勤的劳动是建设社会主义和共产主义的根本保证;劳动是公民的神圣义务和权利;懂得尊重所有类型的劳动者;懂得把脑力劳动同体力劳动相结合的重要意义。第二,培养学生热爱劳动和劳动人民的情感,养成劳动的习惯,形成以劳动为荣,以懒惰为耻的品质。抵制好逸恶劳、贪图享受、不劳而获、奢侈浪费等恶习。第三,学习是学生的主要劳动,教育学生从小勤奋学习,将来担负起艰巨的建设任务。教育学生正确对待就业和社会生产实践。加强大中小学生的劳动教育,应当重在培养学生的劳动观念,掌握必备的劳动知识和技能,加强劳动实践锻炼,为学生步入社会参与劳动就业打好基础。在劳动观念的教育方面,要特别强调通过马克思主义劳动思想和新时代劳动价值观的深入学习,引导学生深刻认识劳动的永恒价值、由衷地理解并认同"劳动最光荣、劳动最崇高、劳动最伟大、劳动最美丽"的真理性含义。在劳动技能教育方面,不仅要让学生扎实掌握专业知识与技能,更要普及与大学生未来职业发展密切相关的劳动科学知识,如劳动关系协调、劳动法律、劳动经济与管理、劳动与社会保障、劳动安全与卫生、劳动心理健康等。在劳动实践锻炼方面,要把劳动教育融入课外实践活动中,全面推进劳动教育与学生的社会实践和志愿服务相结合,对即将毕业的职业学校和大学生开展有针对性的职业生

---

❶ 刘丽红,曲霞.论高校创新创业教育与劳动教育的同构共生[J].中国青年社会科学,2020(1):103.

涯教育、就业指导和创新创业教育。❶ 我们可以通过多种形式的劳动实践锻炼，全面历练大中小学各个阶段学生的劳动实践能力。

三、劳动观与就业观教育

中国的社会主义发展长期以来坚持着马克思主义的根本指导，中国人秉信的劳动观也源于马克思的劳动价值论，并随着时代发展和适应中国的经济及社会发展需要，不断调整、进化、充实，逐渐形成中国化的新时代劳动观。

中国的劳动观伴随国内社会前进的同时不断演化，也吸收着国际社会适于全人类发展的前沿理念。联合国在 2015 年提出了"2030 可持续发展目标"，将"体面劳动"作为其中一项重要任务。国际劳工组织认为，"体面劳动"不仅仅是目标，而且是推进可持续发展的内生动力。为所有人创造体面的工作机会能够减少不平等，是社会稳定的基石，是每个劳动者创造劳动价值的驱动力。体面劳动带来的尊严和希望是社会正义感实现的基础，也是促进经济向着可持续的发展状态稳定前行的支撑。

改革开放 40 多年来，中国当前的经济社会发展已经进入前所未有的新常态，产业结构的转型与变革深刻影响着劳动者、劳动资料、劳动关系的属性。在中国，曾经的"世界工厂"正逐步从"中国制造"转型为"中国智造"，对大规模重复性劳动的需求大幅降低，原有的大批劳动密集型产业都在积极思考如何进行转型升级，信息技术的飞速发展也为这些产业转型提供了方向和驱动力。新常态下需要的劳动是创造性、创新式的劳动，中国的劳动观也要朝着这样

---

❶ 刘丽红，曲霞. 论高校创新创业教育与劳动教育的同构共生［J］. 中国青年社会科学，2020（1）：106.

的趋势调整创新，鼓励劳动中的创新思维，并将之融入各级各类教育体系中，更好地发挥教育对中国劳动观的引领作用。中国倡导的劳动理念反对一切不劳而获、投机取巧、贪图享乐的思想，主张全体劳动者通过诚实的劳动创造自己和别人的美好生活。热爱劳动、奉献劳动并且尊重他人劳动的人，必然拥有一颗美丽的心灵，劳动可以使人道德高尚。中国要全面建设小康社会，实现两个一百年奋斗目标，实现中华民族的伟大复兴，就需要亿万劳动者"爱岗敬业、勤奋工作，锐意进取、勇于创造，不断谱写新时代的劳动者之歌"。

帮助中国的贫困人口获得基础教育机会和劳动基本技能的培训是一种底线保障措施，对于中国劳动力素质和人力资源发展还有很大可提升的空间。劳动者自身素质的提高和与时俱进的劳动理念更新对于劳工标准提升无疑是有促进作用的，也体现了中国社会的发展与文明进步的成效。一方面，对于中国的发展而言，培养一批高素质、有劳动实践能力的大学生能够为我国社会主义社会的建设贡献重要力量。他们肩负着光荣的历史使命，在学校和家庭的共同教育之下，树立起正确、积极的人生观和价值观。当他们即将走出校园，面临激烈的社会就业竞争时，学校也应当给予毕业生科学的就业观和劳动观教育。高校可以通过开展多种形式的就业观教育活动，培养大学生拥有积极向上的劳动观，正确理解经济与社会领域的劳动关系，选择喜欢并适合自己的工作岗位，合理规划人生。在指导学生树立科学正确的就业观方面，社会主义核心价值观发挥着重大作用。另外，大学生的就业取向也会对全社会的价值取向产生重要影响，社会主义核心价值观是推动社会发展的精神源泉和根本动力，也需要借助大学生群体的就业观加以落实。因此，教育并引导大学生正确理解社会主义核心价值观的内涵和树立科学的就业观，这不

仅是个人发展的需要，同时也是社会发展的必然要求。❶

首先，要帮助大学生树立强烈的社会使命感。全面建成小康社会，实现国家的富强、民主、文明，实现和谐社会及社会主义现代化，实现中华民族伟大复兴，是当代大学生和每一名中国人应当肩负的历史使命。大学生作为国家培养、社会期待的高素质人才，更要胸怀远大理想和抱负。在现实社会道德理念良莠不齐、国际社会思潮纷繁复杂、价值选择多元取向等因素影响下，学校、社会、家庭需要形成合力对他们加强培育和引导，让学生们不仅有责任担当意识，还要掌握良好的劳动技能和知识，通过科学的价值观指引他们发挥自己的价值。只有加强对大学生就业价值观的培育与引导，才能使他们在就业过程中增强辨别力、提高洞察力，以高度的社会责任感、历史使命感，投身到社会主义建设事业中去。

其次，要培养大学生具有较高的综合素质。大学生只有增强综合素质，才能符合时代要求，担负起历史使命。目前，由于中国还存在着较为明显的贫富差异，家庭背景和社会资源分配的不均导致一部分人容易产生价值观的偏差。少数大学生在就业观念上表现出功利主义的趋势，追求享乐和投机取巧，诚信意识淡薄，以自我为中心，还有个别学生在毕业后妄图"啃老"，消极工作，随意毁约或者频繁跳槽，都暴露出缺乏职业发展理想信念、心理素质薄弱、责任意识差等诸多问题。这些不良的就业观念和就业现象显然与高校的育人目标相背离，与社会主导的价值观念相冲突，与社会倡导的社会风尚相去甚远。高校有责任、有必要充分发挥教书育人的作用，爱国主义、集体主义、社会主义观念的形成，道德品质、法治观念、法治思维、意志品格、心理素质的培养，都需要正确的价值观作为

---

❶　陆仁炎. 社会主义核心价值观视域下大学生就业观教育探究［J］. 兰州教育学院学报，2016，32（7）：130.

引领。而社会主义核心价值观的提出、培育和践行，为大学生树立正确的就业观提供了思想引领和行动指南。● 科学合理的价值观、就业观将直接体现在大学生的求职就业过程中，通过大学生未来职业生涯的发展更好地推动中国社会的进步。

最后，在实现大学生就业观教育的路径方法层面，建议通过国家层面开展课程教材改革，在课程教材内容中融入更为贴合学生视角的就业观和劳动观。例如，可以通过思想政治理论课引导培养学生的劳动观、就业观，无论是从事何种职业、何种岗位，又或是自主创业，都能够从自我做起，诚信为人，尊重劳动，尊重职业，有社会责任感。通过职业生涯与规划课帮助学生了解各类职业的特色和所需技能，理解父母所从事工作的意义，有意识地主动思考自己的职业发展规划。还可以通过加强学生的劳动实践活动，帮助学生体验劳动的成就感，更好地了解自己对职业的兴趣、喜好，感受职业活动中的社会关系，使学生们熟悉工作氛围，形成良好的就业心态。有条件的学校还应当为毕业生准备就业前的心理健康辅导和压力疏解，提供更有针对性的就业指导课，让学生以自信、从容、积极、乐观的态度步入人生的下一重要阶段，在社会劳动中实现自我的全面发展。

四、提升职业教育的质量

职业教育是所有教育阶段中与生产劳动和社会实践的联系最为紧密、最为密切的。中国对职业教育的战略定位突出体现在三个方面：其一，从新时代中国特色社会主义的奋斗目标看，职业教育事

● 许桂芳. 论社会主义核心价值观引领下的大学生就业观教育 [J]. 继续教育研究，2015（5）：72.

关中华族伟大复兴和社会主义现代化强国的建设；其二，从我国经济社会发展来看，职业教育作为国民教育体系的重要组成部分，肩负着传承技术技能、促进就业创业的重要职责，是我国经济持续健康发展的重要基础；其三，从青年个体成长来看，职业教育是广大青年打开通往成功成才大门的重要途径，为每个人的人生出彩提供了机会。抓好职业教育工作关系着民生就业与青年成长，也关系着经济社会发展和中华民族伟大复兴，因此具有重要的战略地位。职业教育的定位方向是为经济社会发展和生产服务一线培养高素质劳动者和技术技能人才，目标是促进全体劳动者的可持续发展，实现路径可以通过深化教育和产业的体制机制改革，创新各层次各类型的职业教育模式，坚持产教融合，打造工学结合、知行合一的职业教育体系。

中国近几年来一直致力于职业教育的大力发展。职业教育体系不断完善是推动经济发展、促进就业、改善民生、解决"三农"问题的重要驱动力，也是缓解劳动力供求结构矛盾的重要途径，必须摆在突出位置。职业教育应当面向人人、面向社会，着力于培养学生的职业道德、职业技能和就业创业能力。要建设形成适应发展方式转变和经济结构调整要求、体现终身教育理念、中等和高等职业教育协调发展的现代职业教育体系，满足人民群众接受职业教育的需求，满足经济社会对高素质劳动者和技能型人才的需要。

中国加强职业教育在以下三个方面有所体现，同时在发展过程中不断完善。

第一，政府能够切实履行发展职业教育的职责，把职业教育纳入经济社会发展和产业发展规划，促使职业教育规模、专业设置与经济社会发展需求相适应。在普通高中和普通高校教育发展的同时，相应地规划中等职业教育与高等职业教育建设，加大职业教育投入，提供多层次职业教育渠道。职业教育以服务为宗旨，以就业为导向，推进职业教育教学改革，不断提升教育质量水平。

第二，发挥学校与企业合力。一方面，在学校开展职业教育和职业培训，加强学校与企业之间的紧密合作关系，学习过程中多设置一些实践课程和活动，重视毕业前的实习机会，为学生提供充分的就业指导。制定政策鼓励企业接收学生实习和教师实践，鼓励企业加大对职业教育的投入。职业教育教师也需要经过专门培训，加强实训基地建设，不断提升职业教育教师的素质和教学示范能力。为保障职业教育质量，可以邀请企业参加教育教学质量评估，获得来自企业的有益建议，对学校教育予以改进和完善。学校还可以与企业联合开展职业技能竞赛，颁发职业技能证书，激励学生的成就感与社会认可程度。另一方面，建立健全政府主导、行业指导、企业参与的办学机制，充分调动企业的积极性。制定促进校企合作办学法规，促进校企合作制度化。鼓励行业协会组织和企业参与创办职业学校，并鼓励企业委托职业学校进行员工培训。

第三，完善职业教育支持政策，增强职业教育吸引力。重点是改变公众传统思想中对职业教育的认识观念，职业教育不应被定位成因学习成绩不够好，退而求其次的无奈选择，应当鼓励学生以职业发展和就业能力培养为目标，选择适合自己的教育模式。因此，职业教育也要改革招生体制和评价体系，为更多学生提供多元化选择机会。特别是职业教育完成后，也应当为学生开放灵活的继续深造的路径，无论在知识拓展还是在职业技能方面，都需要引导人们持续不断学习。要加大对有突出贡献高技能人才的宣传表彰力度，提高技能型人才的社会地位和待遇，形成"行行出状元"的社会评价氛围，让职业教育更具独有的优势特色。

进入新时代，国家提出"产教融合"政策，"产教融合"是较

"产教结合"更高一层的形态，表达产业与学校关系更加紧密且同在一个平台上相互影响的形式，"是两类具有高度互补性资源之间的全要素、全方位的集成整合和一体化合作"。"融合"是教育要素和产业要素的共享共用，是校企建立起相互支持、相互渗透的体制机制，最终达到人才培养、产业发展的和谐共赢。❶

　　党的十八届三中全会明确要求我国加快现代职业教育体系建设，深化产教融合、校企合作，培养高素质劳动者和技能型人才。2014年5月国务院印发《关于加快发展现代职业教育的决定》提出企业作为重要办学主体的科学论断，对职业教育产教融合提出多方面要求，强调研究制定促进校企合作办学的有关法规和激励政策。2015年国务院印发《统筹推进世界一流大学和一流学科建设总体方案》，提出"深化产教融合，着力提高高校对产业转型升级的贡献度"。2017年12月5日，国务院办公厅印发《关于深化产教融合的若干意见》提出推动产教深化融合，并指出要用10年左右时间使教育和产业统筹融合，形成良性互动的发展格局。作为配合文件，教育部等六部门出台了《职业学校校企合作促进办法》，共同推动产教和校企深度融合与合作共赢。

　　教育部部长陈宝生在十三届全国人大一次会议记者会上发言时提到，职业教育核心在质量，重点要解决产教融合中的示范问题、协同创新问题和实训基地问题。产教融合、校企合作的发展过程中有两件事需要明确：产教协同，"产"是支撑，"教"是核心；校企合作，"校"是龙头，"企"是基础。要处理好这个关系，就要把学校建在产业基地，建在开发区里；把专业建在产业链上，建在需求链上。这样，职业教育产教融合、产教协同、校企合作就能取得更

---

　　❶　曹晔. 新中国成立70年来职业教育产教融合制度的变迁与展望［J］. 教育与职业，2019（19）：23 - 24.

大进展。职业教育的实训环节非常重要，得有动手能力，这是它的质量基础。同时，要着力解决"双师型"教师的缺乏问题。建设一支"双师型"教师队伍，建设一批实训基地，建设一批应用技术协同创新中心，在产教之间、校企之间建立一个"旋转门"，才能落实好这个规划，推动产教融合、校企合作向深度发展。❶ 近年来，国家积极倡导的集团化办学、现代学徒制、产业学院是产教融合实现形式的有效探索，在实践中还要进一步加大提高职业教育质量的探索力度。

五、构建中国的终身教育体系

学习是一个人一生离不开的话题，对于从事生产活动的劳动者而言，除了在学校学习知识，还可以在工作过程中不断学习到劳动技能和社会交往能力。终身学习强调个人在一生中能持续地学习，以满足个人在一生中各个时期、各个阶段的各种学习需求。在信息化时代，中国距离全面实现现代化的强国目标越来越近，能够让每一个人融入并适应现代化社会的生活环境，为中国发展贡献力量，需要全体人民共同在持续学习中获得进步。终身学习将是一种社会常态，在国家支持下构建完善的终身教育体系是实现全民终身学习的有力保障。我国十分重视终身教育体系的构建，从国家层面到省级区域层面，不断加强顶层设计，提供制度保障，积极推进全民终身学习，在《国家中长期教育改革和发展规划纲要（2010—2020年)》中将"发展继续教育，完善终身教育体系，建设学习型社会"

---

❶ 职业教育——摘自陈宝生在十三届全国人大一次会议记者会上的发言［EB/OL］.（2018 – 03 – 20）［2020 – 02 – 15］. http://www.moe.gov.cn/jyb_xwfb/xw_zt/moe_357/jyzt_2018n/2018_zt07/zt1807_bzzs/201803/t20180320_330639.html.

确定为到 2020 年我国教育改革发展的三大战略目标之一。其中提到，要努力形成人人皆学、处处可学、时时能学的学习型社会。完善继续教育是我国构建终身学习体系的重要环节，涉及的人群数量大，年龄跨度大，学习需求异常多样，是在学校教育之外面向所有社会成员的教育活动。继续教育要以加强人力资源能力建设为核心，建立健全继续教育体制机制，成立跨部门继续教育协调机构，统筹指导继续教育发展。稳步发展学历继续教育，大力发展非学历继续教育，广泛开展城乡社区教育，加快各类学习型组织建设。立足终身教育对素质提升的基本意义，更新对继续教育的认识和观念。继续教育需要在加强针对性，拓展不同层次、不同类型的信息库资源建设和师资建设方面加大投入力度。还需要加快继续教育法制建设，通过健全继续教育激励机制，鼓励个人多种形式接受继续教育，让用人单位为从业人员提供继续教育和培训机会，支撑员工参加继续教育学习。终身教育体系因为覆盖范围宽泛，需要创新灵活的体制机制进行管理和建设。在教育资源方面应当通过激励机制让学校、科研院所、企业等相关组织提供相应资源，尽可能开发可利用的社区教育资源，大力发展教育培训服务。在资源建设方面，加强城乡社区教育机构和网络建设，发展现代远程教育，建设以卫星、电视和互联网等为载体的远程开放继续教育及公共服务平台，为学习者提供方便、灵活、个性化的学习条件。在教学管理模式方面，促进各级各类教育纵向衔接、横向沟通，为个人的教育培训提供多次选择机会，尽力满足多样化的学习和发展需要。

《中国教育现代化 2035》中将"建成服务全民终身学习的现代教育体系"视为 2035 年实现中国教育现代化主要发展目标之一。其中提到，要构建服务全民的终身学习体系。构建更加开放畅通的人才成长通道，完善招生入学、弹性学习及继续教育制度，畅通转换渠道。建立全民终身学习的制度环境，建立国家资历框架，建立跨部门跨行业的工作机制和专业化支持体系。建立健全国家学分银行制度和学习成果认证制度。强化职业学校和高等学校的继续教育与社会培训服务功能，开展多类型多形式的职工继续教育。扩大社区教育资源供给，加快发展城乡社区老年教育，推动各类学习型组织建设。

通过建设完善的劳动教育体系和构建终身教育平台有助于实现更为全面和更为体现以人为本的人才培养和人力资源建设目标。在终身教育体系中，能够对缺乏义务教育和职业教育的弱势群体提供劳动技能培训，如经济贫困家庭、乡村进城务工人员、文盲和残障人员等，帮助成年劳动者获得基本劳动知识和能力，改善生活质量和享有平等就业环境的机会。在这一层面，中国可以推进政府、企业与个人三方协作，合力为终身教育提供基础的经费保障，支持解决民生问题的社会教育福利机制。特别是在我国区域发展不平衡的现状下，将教育支持的重点放在农村地区、落后地区和边远地区有助于优先解决困难人口的生存问题，提升劳动者的劳动积极性和学习积极性。实际上，终身教育对于实现让人民满意的教育有更为深远的影响的意义，为个人提供更多的学习渠道和学习的选择机会，更有助于实现教育的公平化。我国正规的教育体系在人群覆盖范围上已经相当广泛，包含了学前教育、义务教育、普通高中教育、职业教育（包含中职、高职两个阶段）、高等教育和成人教育等。同时，近几年飞速发展的私立教育模式和各种专项能力培训机构对公立教育也形成了很好的补充。例如，幼儿能力训练、人工智能开发、成人英语及口才、社交能力方面的培训机构；以及互联网时代下的在线教育模式促进了教育方式的悄然变革，扩大了教育的受众群体，在线教育也帮助人们节省了时间成本。

　　然而，当前中国的各级各类教育和培训机构还存在衔接不紧密、条块分割的问题，为成年人提供终身学习的路径相对单一、封闭。可以通过建立立体开放的学习网络，打破普通教育、职业教育、成人教育、高等教育之间的壁垒，建立各类教育相互渗透、相互沟通的一体化的人才成长立交桥，使学习者可以获得连续学习的机会。还可以建立正规教育与非正规教育的沟通平台，促成各类有效证书的相互认可与转换制度，使学生可以在各级各类教育之间相互流动，以充分满足各类社会成员广泛的学习需求。构建这种终身学习的网络可以多渠道形成共同努力：第一，应当加强政府支持与统筹设计，协调发挥各级政府、社会团体、企业及社会各方力量，强化企业在终身学习中的地位和作用，开展职业技能培训和岗位培训；第二，大力开展继续教育与社区教育，整合社区教育中心、各类成人学校、图书馆、文化馆等各种教育资源，创造学习条件，为社区内每一个成员提供学习服务；第三，发展网络教育，最大限度地为满足全体民众的多样化需求提供灵活多样的学习机会。❶ 最为关键的是，我们希望在完善的终身教育体系下激发个人学习的主动性和热情，这将是实现中国发展的最佳状态，只有国家长久的稳定繁荣，才是我们人人得以安心生活、幸福生活的首要保障。

---

❶ 王永强. 发达国家终身学习的推进机制与启示 [J]. 成人教育, 2019 (9)：92-93.

附录[1]

中国已批准的国际劳工公约

（依据不同公约类型中的公约序号排序，

截至 2020 年 11 月 9 日）

	公约名称	签署时间	公约状态及建议行动
核心公约	1.《同酬公约》，1951（No. 100）	1990. 11. 02	生效中
	2.《歧视（就业与职业）公约》，1958（No. 111）	2006. 01. 12	生效中
	3.《最低年龄公约》，1973（No. 138）	1999. 04. 28	生效中
	4.《最恶劣形式童工劳动公约》，1999（No. 182）	2002. 08. 08	生效中
治理公约	5.《就业政策》，1964（No. 122）	1997. 12. 17	生效中
	6.《三方协商公约》，1976（No. 144）	1990. 11. 02	生效中
技术公约	7.《结社权利（农业）公约》，1921（No. 11）	1934. 04. 27	生效中
	8.《工业企业中实行每周休息公约》，1921（No. 14）	1934. 05. 17	生效中
	9.《事故赔偿同等待遇公约》，1925（No. 19）	1934. 04. 27	生效中

---

[1] 参见：https：//www.ilo.org/dyn/normlex/en/f？p = NORMLEXPUB：11200：0：：NO：：P11200_COUNTRY_ID：103404.

续表

公约名称	签署时间	公约状态及建议行动
10.《最低工资制定机制公约》，1928（No. 26）	1930. 05. 05	生效中
11.《航运包裹标明重量公约》，1929（No. 27）	1931. 06. 24	生效中
12.《保护码头工人公约（修订版）》，1932（No. 32）	1935. 11. 30	生效中
13.《妇女在各类矿山井下作业公约》，1935（No. 45）	1936. 12. 02	生效中
14.《最后条款修改公约》，1946（No. 80）	1947. 08. 04	生效中
15.《劳动行政管理：作用、职能及组织公约》，1978（No. 150）	2002. 03. 07	生效中
16.《职业安全和卫生及工作环境公约》，1981（No. 155）	2007. 01. 25	生效中
17.《（残疾人）职业康复和就业公约》，1983（No. 159）	1988. 02. 02	生效中
18.《建筑行业安全和卫生公约》，1988（No. 167）	2002. 03. 07	生效中
19.《化学品公约》，1990（No. 170）	1995. 01. 11	生效中
20.《海事劳工公约》，2006（MLC, 2006）	2015. 11. 12	生效中
21.《最低年龄（海上）公约》，1920（No. 7）	1936. 12. 02	因《最低年龄公约》（No. 138）2000 年 4 月 28 日生效，该条公约自动废止
22.《最低年龄公约（修剪工和装料工）》，1921（No. 15）	1936. 12. 02	2017 年第 106 届国际劳工大会决议废止
23.《青年体检公约（海上）》，1921（No. 16）	1936. 12. 02	因《海事劳工公约》（MLC, 2006）2016 年 11 月 11 日生效，该条公约自动废止

（技术公约，行 10—20；未实施的公约，行 21—23）

续表

公约名称		签署时间	公约状态及 建议行动
未实施的公约	24.《海员协议条款公约》，1926（No. 22）	1936. 12. 02	因《海事劳工公约》（MLC，2006）2016 年 11 月 11 日生效，该条公约自动废止
	25.《海员遣返公约》，1926（No. 23）	1936. 12. 02	因《海事劳工公约》（MLC，2006）2016 年 11 月 11 日生效，该条公约自动废止
	26.《最低年龄（工业）（修订版)》，1937（No. 59）	1940. 02. 21	因《最低年龄公约》（No. 138）2000 年 4 月 28 日生效，该条公约自动废止

参考文献

[1] 皮埃尔·卡赫克,安德烈·齐尔贝尔博格.劳动经济学［M］.沈文恺,译.
上海:上海财经大学出版社,2007.

[2] 张暎硕.当代中国劳动制度变化与工会功能的转变［M］.保定:河北大学
出版社,2004.

[3] 约里斯·范·鲁塞弗尔达特,耶勒·菲瑟.欧洲劳资关系——传统与转变
［M］.佘云霞,译.北京:世界知识出版社,2000.

[4] 哈罗德·D.拉斯韦尔.政治学——谁得到什么?何时和如何得到［M］.
杨昌裕,译.北京:商务印书馆,1992.

[5] 约瑟夫·格里科,约翰·伊肯伯里.国家权力与世界市场:国际政治经济
学［M］.王展鹏,译.北京:北京大学出版社,2008.

[6] 约瑟夫·奈.软力量——世界政坛成功之道［M］.吴晓辉,钱程,译.
北京:东方出版社,2005.

[7] 约瑟夫·佐季达.苏联的劳动教育［J］.《外国教育资料》,1980(2):
13－17.

[8] E.P·汤普森.英国工人阶级的形成［M］.钱乘旦,等,译.上海:译林
出版社,2001.

[9] 理查德·斯凯思.阶级［M］.雷玉琼,译.长春:吉林人民出版社,2005.

[10] 奥利弗·威廉姆森,西德尼·温特.企业的性质:起源、演变和发展
［M］.姚海鑫,邢源源,译.北京:商务印书馆,2007.

[11] 保罗·萨缪尔森,威廉·诺德豪斯.经济学［M］.16版.萧琛,等,译.
北京:华夏出版社,1999.

[12] 曹晔. 新中国成立 70 年来职业教育产教融合制度的变迁与展望 [J].
      教育与职业, 2019 (19)：21 – 25.

[13] 曾炜. 贸易与劳工标准问题：文献述评 [J]. 社科纵横, 2007 (1)：61 – 63.

[14] 陈峰. 国家、制度与工人阶级的形成——西方文献及其对中国劳工问题
      研究的意义 [J]. 社会学研究, 2009 (5)：165 – 188.

[15] 陈恕祥, 杨培雷. 当代西方发达国家劳资关系研究 [M]. 武汉：武汉大
      学出版社, 1998.

[16] 陈宪, 张鸿. 国际贸易——理论·政策·案例 [M]. 2 版. 上海：上海
      财经大学出版社, 2007.

[17] 程承坪, 邹迪. 新中国 70 年扶贫历程、特色、意义与挑战 [J]. 当代经
      济管理, 2019 (9)：1 – 9.

[18] 程大为. WTO 体系的矛盾分析 [M]. 北京：中国人民大学出版社, 2009.

[19] 储祥银, 葛亮, 卢进勇. 国际经济合作原理 [M]. 北京：对外经济贸易
      大学出版社, 1993.

[20] 单宝. 蓝色贸易壁垒的双重效应及两手策略 [J]. 经贸论坛, 2006 (5)：
      19 – 22.

[21] 德国：劳动教育承担对个体进行"社会—经济教化"的重要功能 [J].
      中小学德育, 2019 (12)：78.

[22] 董保华, 邱婕. 社会条款、国际劳工标准与中国劳动法制建设思考
      [M] //石美遐, 编著. 全球化背景下的国际劳工标准与劳动法研究.
      北京：中国劳动社会保障出版社, 2005.

[23] 窦现金. 充分发挥教育在脱贫攻坚战中的支撑引领作用 [J]. 中国农村
      教育, 2019 (6)：6 – 8.

[24] 杜晓郁. 全球化背景下的国际劳工标准分析 [M]. 北京：中国社会科学
      出版社, 2007.

[25] 范小梅. "教育扶贫"概念考辨 [J]. 教育探索, 2019 (4)：1 – 5.

[26] 龚基云. 转型期中国劳动关系研究 [M]. 合肥：安徽人民出版社, 2006.

[27] 郭锡起. 苏联普通中学劳动技术教育的七个特点 [J]. 教育评论, 1987
      (4)：77.

[28] 国际劳工组织. 韩国的海外建筑业：发展、商业战略和政府政策 [R].
曼谷：国际劳工组织亚洲地区国际劳工输出项目，1992.

[29] 国家体改委经济体制改革研究院，中国人民大学，综合开发研究院联合研究
组. 中国国际竞争力发展报告 [M]. 北京：中国人民大学出版社，2001.

[30] 韩斌. 国际劳工组织：推动建立和谐劳动关系 [J]. WTO 经济导刊，
2009 (2)：70 - 71.

[31] 贺汉魂，王泽应. 马克思体面劳动观的伦理意蕴及其现实启示探析 [J].
当代经济研究，2012 (3)：28 - 34.

[32] 胡君进，檀传宝. 劳动、劳动集体与劳动教育——重思马卡连柯、苏霍姆
林斯基劳动教育思想的内容与特点 [J]. 国家教育行政学院学报，2018
(12)：40 - 45.

[33] 杰拉尔德·斯塔尔. 最低工资——实践与问题的国际评述 [M]. 马小丽，
译. 北京：经济管理出版社，1997.

[34] 金灿荣，刘世强. 未来十年的世界与中国——国际政治视角 [J]. 现代
国际关系，2010：26 - 30.

[35] 课题组. 美国生计教育发展的特点及启示 [J]. 中国成人教育，2010
(20) 121 - 123.

[36] 邝艳湘. 经济相互依赖、退出成本与国家间冲突升级——基于动态博弈
模型的理论分析 [J]. 世界经济与政治，2010 (3)：120 - 138.

[37] 李慧勤. 教育脱贫研究 [M]. 昆明：云南教育出版社，2000：6.

[38] 李佳. 国际劳工标准对完善我国劳动标准立法的积极作用 [J]. 法制与
社会，2010 (1)：256 - 257.

[39] 李珂. 嬗变与审视——劳动教育的历史逻辑与现实重构 [M]. 北京：社
会科学文献出版社，2019.

[40] 李娜. 当代国际核心劳工标准理论评述 [J]. 西北大学学报（哲学社会
科学版），2009 (3)：132 - 136.

[41] 李培林，等. 20 世纪的中国：学术与社会·社会学卷 [M]. 济南：山东
人民出版社，2001.

［42］李琼．浅析"以人为本"的教育理念［J］．科学咨询，2019（20）：14.

［43］李文沛．国际劳工标准在我国的适用——富士康员工连环跳事件深度审视［J］．国家行政学院学报，2010（4）：4 - 8.

［44］李雪平．多边贸易自由化与国际劳工权利保护——法律与政策分析［M］．武汉：武汉大学出版社，2007.

［45］李正国．国家形象构建［M］．北京：中国传媒大学出版社，2006.

［46］林燕玲．国际劳工组织的历史贡献及其对中国劳动社会保障法制建设的影响［J］．中国劳动关系学院学报，2019，33（6）：1 - 24.

［47］林燕玲．体面劳动——世界与中国［M］．北京：中国工人出版社，2012.

［48］刘波．国际贸易与国际劳工标准问题的历史演进及理论评析［J］．现代法学，2006，28（3）：121 - 129.

［49］刘佳音．体面劳动的马克思劳动观渊源研究［D］．大连：东北财经大学，2015.

［50］刘丽红，曲霞．论高校创新创业教育与劳动教育的同构共生［J］．中国青年社会科学，2020（1）：103 - 109.

［51］刘启娴．苏联普通学校的劳动教育和技术教育［J］．中小学管理，1988（5）：57 - 59.

［52］刘文军，王祎．国际劳工标准案例评析［M］．北京：中国劳动社会保障出版社，2009.

［53］刘阳．国际贸易蓝、绿条款与中国劳工、环保制度创新［M］．上海：上海人民出版社，2008.

［54］柳华文．论国家在"经济、社会和文化权利国际公约"下义务的不对称性［M］．北京：北京大学出版社，2005.

［55］鲁丹萍．国际贸易壁垒战略研究［M］．北京：人民出版社，2006.

［56］陆仁炎．社会主义核心价值观视域下大学生就业观教育探究［J］．兰州教育学院学报，2016，32（7）：130.

［57］吕梁山．赖特的阶级理论研究［M］．北京：中共中央党校出版社，2007.

［58］马诺洛·I. 阿维拉．境外就业指南——对中低收入国家的建议［M］．

马永堂，等，译．北京：中国青年出版社，2002．

［59］桑廷洲，倪维素．日本的劳动教育［J］．外国中小学教育，1987（10）：47－48．

［60］宋晓梧．改革：企业·劳动·社保［M］．北京：社会科学文献出版社，2006．

［61］宋雪．苏霍姆林斯基劳动教育思想及对特殊教育的启示［J］．出国与就业，2011（16）：140．

［62］孙智昌．当代国外小学劳动技术教育课程的发展［J］．外国中小学教育，2000（05）：33－38．

［63］檀传宝．劳动教育的概念理解——如何认识劳动教育概念的基本内涵与基本特征［J］．中国教育学刊，2019（2）：82－84．

［64］唐克敏．中国政府应对国际劳工标准的策略思考［J］．襄樊学院学报，2009，30（3）：74－78．

［65］田心铭．坚持马克思主义的阶级分析方法［J］．马克思主义研究，2000（3）：7－12．

［66］田野，林菁．国际劳工标准与中国劳动治理——一种政治经济学分析［J］．世界经济与政治，2009（5）：6－16．

［67］涂丹霞．苏霍姆林斯基与中国的劳动教育［J］．教师教育论坛，2019（8）：79－82．

［68］王铂．经济全球化背景下贸易对我国劳工标准的影响——基于工业部门的面板数据分析［J］．商业现代化，2009（9）：14－16．

［69］王畅．以人为本指导下大学生思想政治教育方法研究［D］．沈阳：辽宁大学，2014．

［70］王大庆，焦建国．劳资关系理论与西方发达国家的实践［J］．经济研究参考，2003（51）：42－48．

［71］王焕勋．马克思教育思想研究［M］．重庆：重庆出版社，1988．

［72］王吉吉．论苏霍姆林斯基劳动教育对个性全面和谐发展教育的作用［J］．黑河学刊，2017（1）：113－114．

［73］王家宠. 国际劳动概要［M］. 北京：中国劳动出版社，1991.

［74］王建亚. 苏霍姆林斯基劳动教育思想探究［J］. 上海教育科研，1991
　　　（5）：23－26.

［75］王金国. 人口红利转型期终身教育的机遇与变革［J］. 成人教育，2020
　　　（1）：13－17.

［76］王珂. 马克思主义人本思想及其对中国社会建设的启示［J］. 赤峰学院
　　　学报（汉文哲学社会科学版），2018，39（1）：63－65.

［77］王晴. 黄炎培劳动教育思想的新时代应用［J］. 职业教育研究，2019
　　　（12）：92－96.

［78］王学秀. 劳工标准之争——WTO 劳工标准与国际贸易问题［J］. 国际贸
　　　易，1997（3）：44－46.

［79］王永强. 发达国家终身学习的推进机制与启示［J］. 成人教育，2019
　　　（9）：89－93.

［80］胥晓莺. 应诉欧盟：非政府组织的困境［J］. 商务周刊，2006（11）.

［81］徐洁. 苏霍姆林斯基"个性全面和谐发展"教育思想中的人才观及现代
　　　启示［J］. 甘肃高师学报，2017（2）：34－36.

［82］许桂芳. 论社会主义核心价值观引领下的大学生就业观教育［J］. 继续
　　　教育研究，2015（5）：72－75.

［83］许晖. 国际劳工标准问题对我国外贸的影响和启示［J］. 北方经济，
　　　2007（5）：141－142.

［84］杨铭. 日本中学的劳动教育［J］. 外国教育动态，1983（1）：24－27.

［85］杨蓉. 中国企业国际竞争力研究：基于公司治理视角［M］. 上海：上海
　　　人民出版社，2009.

［86］杨晓鸿. 马克思主义劳动观与高校教师"体面劳动"［J］. 高教论坛，
　　　2010（8）：97－99.

［87］尹旭. 中国转型期收入分配差距研究综述［J］. 财经政法资讯，2010
　　　（1）：52－58.

［88］于晶晶. 论国际劳工标准的本质及发展［J］. 法制与社会，2009（2）：351.

[89] 余淼杰. 国际贸易的政治经济学分析：理论模型与计量实证 [M]. 北京：北京大学出版社，2009.

[90] 余敏友，李雪平. 自由贸易与劳工权利保护——对"中美彩电反倾销案"的另一种思考 [J]. 西南民族大学学报（人文社科版），2006（11）：61－65.

[91] 詹懿. 我国扶贫存在的问题及对策 [J]. 新西部，2019（11）：126－127.

[92] 张琛，李珂. 论黄炎培劳动教育思想的丰富内涵与当代启示 [J]. 教育与职业，2019（2）：94－97.

[93] 张鹏雁，任巍. 我国体面劳动研究的最新进展和未来展望 [J]. 中国劳工，2017（1）：41－47.

[94] 张其恒. WTO 与核心劳工标准 [M] //郑功成，郑宇硕，主编. 全球化下的劳工与社会保障. 北京：中国劳动社会保障出版社，2002.

[95] 张新国，张蕾. 劳工标准与我国国际竞争力 [J]. 经济管理，2007（21）：23－28.

[96] 张新国等. 劳工标准问题研究 [M]. 北京：经济管理出版社，2010.

[97] 张阳."以人为本"教育理念的认识 [J]. 才智，2019（6）：158.

[98] 章泽武. 外商直接投资对中国居民收入影响实证研究 [D]. 武汉：华中科技大学，2008.

[99] 赵括，张晓京. 改革开放 40 年我国教育扶贫政策变迁及其经验 [J]. 中国人民大学教育学刊，2019（1）：16－30.

[100] 郑爱翔，吴兆明，王振华. 农村转移劳动力市民化进程中的终身职业教育研究 [J]. 教育与职业，2015（31）：12－16.

[101] 郑功成. 社会保障学——理念、制度、实践与思辨 [M]. 北京：商务印书馆，2000.

[102] 中共中央编译局. 列宁全集（第 26 卷）[M]. 2 版，北京：人民出版社，1988.

[103] 中共中央文献编辑委员会. 邓小平文选（第 3 卷）[M]. 北京：人民出版社，1993.

[104] 周安华，张新胜. 公关技巧与实战大观 [M]. 北京：北京工业大学出版

社，1993.

[105] 周建群. 实现体面劳动的路径选择——基于马克思劳动价值论的视角 [J]. 福建师范大学学报（哲学社会科学版），2010（6）：1.

[106] 朱智洺. 对劳工标准之争的博弈分析 [J]. 世界经济与政治论坛，2001（2）：77 - 80.

[107] A A WHITE. The Crime of Staging an Effective Strike and the Enduring Role of Criminal Law in Modern Labor Relations [J]. Working USA, 2008, 11（1）: 23 - 44.

[108] ALAN B KRUEGER. Observations on International Labor Standards and Trade [R/OL]. (2000 - 05 - 08)[2011 - 06 - 12]. https: //papers. ssrn. com/ sol3/papers. cfm? abstract_id = 3201.

[109] ALEJANDRO PORTES, JOHN WALTON. Labor, Class, and the International System [M]. New York: Academic Press, 1981.

[110] ANDRE RAYNAULD, JEAN PIERRE VIDAL. Labour Standards and International Competitiveness—A Comparative Analysis of Developing and Industrialized Countries [M]. Cheltenham: Edward Elgar Publishing Limited, 1998.

[111] ANDREW J SELTZER. Democratic Opposition to the Fair Labor Standards Act: A Comment on Fleck [J]. Journal of Economic History, 2004, 64（1）: 226 - 230.

[112] ANITA CHAN, ROBERT J S ROSS. Racing to the bottom: International Trade without a Social Clause [J]. Third World Quarterly, 2003, 24（6）: 1011 - 1028.

[113] ANN KENT. China, International Organizations and Regimes: The ILO as a Case Study in Organizational Learning [J]. Pacific Affairs, 1997—1998, 70（4）: 517 - 532.

[114] ASEEM PRAKASH, MATTHEW POTOSKI. Racing to the Bottom? Trade, Environmental Governance, and ISO 14001 [J]. American Journal of Political Science, 2006, 50（2）: 350 - 364.

［115］ ASSAM. Improving Labour Standards ［J］. Economic and Political Weekly,
2001, 36 (12): 980 – 981.

［116］ BARRY B HUGHES. Global Transitions Foreseen: Using International Futures
(Ifs) to Help Manage the Future ［D］. Honolulu: Paper Prepared for the
International Studies Association, 46th Annual Conference, 2005.

［117］ BMI VIEW. Labour Strikes Put CPC In A Tight Spot ［J］. China and
Northeast Asia, 2010: 5.

［118］ CANFEI HE, SHENGJUN ZHU. Industrial Agglomeration and Labour Productivity
in Transition: An Empirical Study of Chinese Manufacturing Industries ［J］.
Post – Communist Economies, 2009, 21 (1): 103 – 115.

［119］ CHRISTOPHER CANDLAND. Core Labour Standards under the Administration
of George W. Bush ［J］. International Labour Review, 2009, 148 (1 – 2):
169 – 181.

［120］ D RODRIK. Democracies Pay Higher Wages ［J］. Quarterly Journal of
Economics, 1999, 114 (3): 707 – 738.

［121］ DANA L BROWN, ANTJ VETTERLEIN, ANNE ROEMER MAHLER.
Theorizing Transnational Corporations as Social Actors: An Analysis of
Corporate Motivations ［J］. Business and Politics, 2010, 12 (1): 1 – 37.

［122］ DRUSILLA K BROWN. International Trade and Core Labour Standards: A
Survey of the Recent Literature ［D］. OECD Labour Market and Social Policy
Occasional Papers, No. 43, OECD Publishing, 2000.

［123］ DRUSILLA K BROWN. Labor Standards: Where Do They Belong on the
International Trade Agenda ［J］. Journal of Economic Perspectives, 2001,
15 (3): 89 – 112.

［124］ ELLEN DAVID FRIEDMAN. U. S. and Chinese Labor at a Changing Moment
in the Global Neoliberal Economy ［J］. Working USA: The Journal of Labor
and Society, 2009, 12 (6): 219 – 234.

［125］ EMILIE M, HAFNER BURTON, ALEXANDER H MONTGOMERY.

Globalization and the Social Power Politics of International Economic Networks [M] //Miles Kahler, Ithaca, ed. Networked Politics: Agency, Power, and Governance. New York: Cornell University Press, 2009.

[126] GUY SALVATORE ALITTO. A New Sino – Centrality? [J]. Harvard International Review, 2009: 6 – 7.

[127] GUY STANDING. The ILO: An Agency for Globalization [J]. Development and Change, 2008, 39 (3): 355 – 384.

[128] WANG H Y, RICHARD P. Appelbaum, Francesca Degiuli, Nelson Lichtenstein. China's New Labour Contract Law: Is China moving towards increased power for workers? [J]. Third World Quarterly, 2009, 30 (3): 485 – 501.

[129] HANS J J TEUNISSEN. Recommendation on Minimum International Labor Standards [J]. The American Journal of International Law, 1986, 80 (2): 385 – 386.

[130] HELEN V MILNER, DUSTIN TINGLEY. Class, Ideology and National Identity: The Correlates of Public Opinion on Foreign Trade, Aid and Immigration [R]. Prepared for presentation at the International Studies Association Annual meeting, Princeton: Princeton University, 2008.

[131] WANG H Z. Asian Transnational Corporations and Labor Rights: Vietnamese Trade Unions in Taiwan – Invested Companies [J]. Journal of Business Ethics, 2005, 56 (1): 43 – 53.

[132] INTERNATIONAL LABOUR OFFICE. Defending Values, Promoting Change [R]. Geneva, 1994.

[133] INTERNATIONAL LABOUR OFFICE. International Labour Standards: A Worker's Educational Manual [M]. Geneva, 1990b.

[134] INTERNATIONAL LABOUR ORGANIZATION. Freedom of association: Digest of Decisions and Principles of the Freedom of Association Committee of the Governing Body of the ILO [R]. 5th ed. Geneva, Switzerland, 2006.

［135］ IRA KATZNELSON, ARISTIDE ZOLBERG. Working Class Formation: The Nineteenth Century Patterns in Western Europe and the United States ［M］. Princeton: Princeton University Press, 1986.

［136］ JANINE BERG, DAVID KUCERA. In Defence of Labour Market Institutions – Cultivating Justice in the Developing World ［M］. International Labour Office & Palgrave MacMillan Co – Publication, 2008.

［137］ JEFF HILGERT. Mapping the Boundaries of Human Rights at Work: Questioning How the ILO Defines Labor Rights and Social Justice ［J］. Labor Studies Journal, 2009, 34 (1): 21 – 38.

［138］ JEFFRY FRIEDEN, LISA MARTIN. International Political Economy: Global and Domestic Interactions ［M］//Ira Katznelson, Helen Milner, ed. Political Science: The State of the Discipline. New York: Norton Press, 2003.

［139］ JEHANGIR S POCHA. One Sun in the Sky: Labor Unions in the People's Republic of China ［J］. Georgetown Journal of International Affairs, 2007, 8 (1): 5 – 11.

［140］ JOHN GERRING. Social Democracy or Neoliberalism? ——A Global Test of Public Policies and Human Development ［R］. Prepared for delivery at the Annual Meeting of the American Political Science Association, Boston, MA, 2002.

［141］ JOHN S ODELL. Breaking Deadlocks in International Institutional Negotiations: The WTO, Seattle, and Doha ［J］. International Studies Quarterly, 2009 (53): 273 – 299.

［142］ JOHN W LEWIS, XUE L T. Social Change and Political Reform in China: Meeting the Challenge of Success ［J］. The China Quarterly, 2003 (176): 926 – 942.

［143］ YANG K F. Understanding China's Rise: Institutions, Reform, and Pragmatism ［J］. Public Administration Review, 2010 (1): 176 – 183.

［144］ KIT – CHUN LAM. A Study of the Ethical Performance of Foreign – Investment Enterprises in the China Labor Market ［J］. Journal of Business Ethics, 2002, 37 (4): 349 – 365.

［145］ LEE E. Globalization and labour standards: A review of issues ［J］. International Labour Review, 1997, 136 (2): 173 – 188.

［146］ LYNN BENNIE, PATRICK BERNHAGEN, NEIL J MITCHELL. The Logic of Transnational Action: The Good Corporation and the Global Compact ［J］. Political Studies, 2007 (55): 733 – 753.

［147］ M D R EVANS, JONATHAN KELLEY. National Pride in the Developed World: Survey Data from 24 Nations ［J］. International Journal of Public Opinion Research, 2002, 14 (3): 303 – 338.

［148］ M MAHATHIR. East Asia Will Find Its Own Roads to Democracy ［J］. International Herald Tribune, 1994 (5): 6.

［149］ MALCOLM WARNER, YING ZHU. Labour and management in the People's Republic of China: Seeking the "harmonious society" ［J］. Asia Pacific Business Review, 2010, 16 (3): 285 – 298.

［150］ MARC J BLECHER. Hegemony and Workers' Politics in China ［J］. The China Quarterly, 2006 (170): 283 – 303.

［151］ MARTIN LIPSET SEYMOUR. Radicalism or Reformism: The Sources of Working – class Politics ［J］. The American Political Science Review, 1983, 77 (1).

［152］ MARY ELIZABETH GALLAGHER. Contagious Capitalism: Globalization and the Politics of Labor in China ［M］. Princeton: Princeton University Press, 2007.

［153］ MICHAEL BLOWFIELD, JEDRZEJ GEORGE FRYNAS. Setting new agendas: Critical perspectives on Corporate Social Responsibility in the developing world ［J］. International Affairs, 2005, 8 (3): 499 – 513.

［154］ OECD. Employment Outlook ［M］. Paris: Organization for Economic

Co – operation and Development, 1995.

[155] OECD. Globalization of Industrial R&D: Policy Implications [J]. Working Group on Innovation and Technology Policy, 1998 (6).

[156] OECD. Trade and Labor Standards: A Review of Issues [M]. Paris: Organization for Economic Co – operation and Development; Washington D. C. : OECD Publications and Information Centre, c1995.

[157] PAUL EVANS. Getting Global China Right [J]. Pacific Affairs, 2009—2010, 82 (4): 677 – 686.

[158] PETER STARKE, HERBERT OBINGER, FRANCIS G CASTLES. Convergence towards Where: In What Ways, if Any, Are Welfare States Becoming More Similar? [J]. Journal of European Public Policy, 2008, 15 (7): 975 – 1000.

[159] PHILIP ALSTON. Labor Rights Provisions in U. S. [M] //Trade Law: Aggressive Unilateralism? Lance A Compa, Stephen F Diamond, eds. , Human Rights, Labor Rights and International Trade. Philadelphia: University of Pennsylvania Press, 1996.

[160] R G EHRENBERG. Labour Markets and Integrating National Economies [R]. Brookings Project on Integrating National Economies, 1994.

[161] R L HOGLER. International trade and labor standards: A Proposal for Linkage [J]. Choice, 2009, 46 (6): 1146 – 1147.

[162] REINHARD HEINISHCH. The Economic Nature of Basic Human Rights: Economic Explanations of Cross – National Variations in Governmental Basic Human Rights Performance [J]. Peace and Change. 1998, 23 (3): 333 – 372.

[163] RICHARD N BLOCK, CAREN ROBERTS. An Overview of Labor Standards in The United States and Canada [J]. Labor Law Journal, 1998: 1127 – 1134.

[164] ROBERTCOVILLARD, GILLES DOSTALER. Labour Standards: A Discussion of Some Economic and Legal Aspects of Labour Standards and Their Relevance

to Quebec [M]. the Australian State of Victoria, 1986.

[165] ROBERT K FLECK. Democratic Opposition to the Fair Labor Standards Act of 1938: Reply to Seltzer [J]. the Journal of Economic History, 2004, 64 (1): 231 –235.

[166] ROBERT REICH. Symposium on International Labour Standards and Global Economic Integration [J]. US Department of Labour, 1994 (4): 4.

[167] ROGER BLANPAIN, MICHELE COLUCCI. The Globalization of Labour Standards—The Soft Law Track [M]. Hague: Kluwer Law International, 2004.

[168] ROGER BLANPAIN. Employment and Labor Law: The European Union [M] //Karel Wellens ed. , International Law: Theory and Practice, Essays in Honour of Eric Suy, 1998: 412.

[169] RORDEN WILKINSON. Labour and Trade – Related Regulation: Beyond the Trade – Labour Standards Debate [J]. British Journal of Politics and International Relations, 1999, 2 (1): 165 –191.

[170] S HECKER, M HALLOK. Labour in a Global Economy: Perspectives from the US and Canada [M]. Eugene: University of Oregon, 1991.

[171] SAMY YIAGADEESEN. Trade and Labor Standards: A Theoretical and Empirical Analysis of the Linkages [D]. Economics of the University of Ottawa, Canada, 2003.

[172] STEVE CHARNOVITZ. The Influence of International Labour Standards on the World Trading Regime: : A Historical Overview [J]. International Labour Review, 1987, 126 (5): 565 –579.

[173] T IZUMI. A Change for Labour in Asia [J]. International Herald Tribune, 1994 (4): 6.

[174] T V SATYAMURTHY. Role of China in International Relations [J]. Economic and Political Weekly, 1978, 47 (13): 1941 – 1943, 1945 – 1947, 1949 – 1955.

[175] TONY FANG, CAROLINE GUNTERBERG, EMMA LARSSON. Sourcing in

an Increasingly Expensive China: Four Swedish Cases [J]. Journal of Business Ethics, 2010 (97): 119 – 138.

[176] VIRGINIA A LEARY. Form Follows Function: Formulations of International Labor Standards—Treaties, Code, Soft Law, Trade Agreements [M] // ROBERT J FLANAGAN, WILLIAM B GOULD Ⅳ. International labor Standards: Globalization, Trade, and Public Policy. Stanford: Stanford University Press, 2003.

[177] WILL MARTIN, KEITH E MASKUS. Core Labor Standards and Competitiveness: Implications for Global Trade Policy [J]. Review of International Economics, 2001, 9 (2): 317 – 328.